SCHÖN, WILD UND WEISE

Haftungsausschluss:

Die im Buch enthaltenen Übungen wurden von der Verfasserin
und vom Verlag sorgfältig erarbeitet und geprüft.
Eine Garantie kann dennoch nicht übernommen werden.
Weder die Autorin noch der Verlag übernehmen die Haftung
für Schäden irgendeiner Art.

Anna Gamma:
Schön, wild und weise
© Theseus in J. Kamphausen
Mediengruppe GmbH, Bielefeld 2015
info@j-kamphausen.de / www.weltinnenraum.de
Lektorat: Susanne Klein, Hamburg,
www.kleinebrise.net

Umschlaggestaltung:
Morian & Bayer-Eynck,
Coesfeld, www.mbedesign.de
Umschlagfoto: © der Photograph/photocase.de
Layout/Satz: KleiDesign, Bielefeld
Druck & Verarbeitung:
Westermann Druck Zwickau GmbH

3. Auflage 2016

Bibliografische Information der Deutschen Nationalbibliothek

Die Deutsche Nationalbibliothek verzeichnet diese
Publikation in der Deutschen Nationalbibliografie;
detaillierte bibliografische Daten sind im Internet
über **http://dnb.d-nb.de** abrufbar.

ISBN Printausgabe: 978-3-89901-898-1

ISBN E-Book: 978-3-89901-899-8

*Dieses Buch wurde auf 100% Altpapier gedruckt und ist alterungsbeständig.
Weitere Informationen hierzu finden Sie unter* www.weltinnenraum.de

ANNA GAMMA

SCHÖN, WILD UND WEISE

Frauen auf dem Weg
zu sich selbst und
in die Welt

Theseus Verlag

*Meinen leiblichen und
meinen seelenverwandten
Schwestern
gewidmet*

Vorwort

Das vorliegende Buch entstand in der Auseinandersetzung mit dem Patriarchat. Dieses hat sich vor Jahrtausenden wie eine machtvolle Geisthülle um den ganzen Planeten gelegt und bestimmt nahezu alle Lebensbereiche in allen Kulturen und Völkern, vor allem auch unsere Sprache, die Beziehungen zwischen den Geschlechtern und die sozialen, politischen, gesellschaftlichen Strukturen. Seit einigen Jahren jedoch kommt unaufhaltsam Bewegung in dieses Thema, und dies nicht erst, seit die Vereinten Nationen in New York Resolutionen und Beschlüsse für die Gleichstellung der Frau fassten.[1] In vielen Menschen wird die Sehnsucht nach einer gleichberechtigten und gleichwertigen Partnerschaft von Mann und Frau im privaten und öffentlichen Leben lebendig.

Der anstehende Transformationsprozess kann nicht umfassend genug gesehen werden. Neben den strukturellen Veränderungen auf nationaler und globaler Ebene, in der Familie und am Arbeitsplatz stehen auch persönliche Wandlungsprozesse an. In diesem Buch stelle ich die Frauen in den Mittelpunkt und dies aus gutem Grund: Ich tue dies nicht nur, weil ich selber Frau bin, sondern auch, weil ich in den letzten Jahren verstanden habe, dass die Anklage an die Männer und das Kämpfen gegen patriarchale Strukturen nicht zielführend ist. Ich habe erkennen müssen, dass auch wir Frauen uns gegenseitig das Leben schwer machen und dass wir mit bestimmten Verhaltensweisen patriarchale Strukturen stützen und stärken. Wenn wir ehrlich sind, dann müssen wir uns sogar schmerzlich eingestehen, dass wir es nicht selten selbst sind, die uns Hindernisse in den Weg legen. Um diese Blockaden wegräumen zu helfen, habe ich dieses Buch geschrieben. So richte ich mich insbesondere an Frauen, die nicht aufhören, ihre

---

1 Siehe dazu: Resolutionen und Beschlüsse des Wirtschafts- und Sozialrates, offizielles Protokoll der Vereinten Nationen, New York 2005, Beschluss 2005/232 (www.un.org/depts/german/wiso/ws_res.html).

weibliche Identität und Gestaltungskraft zu erforschen und wei-
terzuentwickeln. Bestimmt können auch Männer von der Lektüre
profitieren. Ungeduldigen empfehle ich, mit dem letzten Kapitel
zu beginnen, eine Unart, die meines Wissens vorwiegend Frauen
pflegen.

In der Darstellung der Transformationsprozesse orientiere
ich mich an Mythen, Märchen und Archetypen. Wir begeben uns
damit auf eine Reise durch verschiedene Kulturen und Traditionen.
Mythische Frauengestalten und in der Geschichte bedeutungsvoll gewordene Frauen begleiten uns als Wegweiserinnen zu den
weiblichen schöpferischen Tiefen. In ihrer Einzigartigkeit sind
sie auch Schlüssel, um einige Teilaspekte des Emanzipations-
prozesses deutlicher in den Blick nehmen zu können. In der
Verbundenheit mit ihnen werden wir im Bewusstsein und in
der Entschlossenheit gestärkt, mutig – und wenn nötig auch
allein – aufzubrechen. Doch können wir uns immer sicher sein,
dass wir mit vielen anderen Frauen unterwegs sind, um unsere
gemeinsame Zukunft zu erforschen und weiblich-kreativ mit zu
gestalten.

Anna Gamma, Luzern im Herbst 2014

GÖTTINNEN
IN UNS –
auf Spurensuche
nach der verlorenen
Weiblichkeit

Feminismus oder Partnerschaft

Bist nun auch du zur Feministin geworden? Das werde ich immer häufiger gefragt. Nein, antworte ich, wenn damit Frauen gemeint sind, die für die Sache der Frauen unerbittlich und mit großer Entschlossenheit kämpfen, die gelegentlich auch in Verbissenheit umschlägt. Diese Strategie war einmal sehr notwendig. Wo wären wir Frauen heute im öffentlichen Leben anzutreffen, wenn nicht in den letzten Jahrhunderten streitbare Schwestern und ein paar Männer aufgestanden wären? Auch in meiner eigenen Biografie gab es Zeiten, in denen ich im Modus dieses Kampfgeistes unterwegs war. Ich bin dankbar dafür, denn ohne diese aufbäumende, rebellische Kraft hätte ich den Weg aus einem Arbeiterdorf im St. Galler Rheintal an die Universität in Zürich nie geschafft. Heute meldet sich diese Stimme immer dann bestimmt, herausfordernd und klar, wenn ich mit Ungerechtigkeit und Machtmissbrauch konfrontiert bin.

Ein zweites Mal antworte ich auf die Frage mit Nein, wenn mit dem Begriff Feministin Frauen im Blick sind, die für die Sache der Frauen engagiert eintreten und mit Forderungen verbinden wie beispielsweise der Quotenregelung. Vor dreißig Jahren war ich selbst einmal Quotenfrau. Ohne die dringende Bitte einiger Kollegen und Kolleginnen, die Wahl in ein kantonales Gremium anzunehmen, hätte ich wohl die narzisstische Kränkung nicht überwunden. Ich war aufgebracht, weil ich nicht aufgrund meiner fachlichen Qualifikationen berufen wurde, sondern weil in erster Linie eine Frau in leitender Position gesucht wurde. Ausschlaggebend für meine Wahl war weniger die berufliche Qualifikation, vielmehr fiel das Geschlecht ins Gewicht. Doch auch für die Erfahrungen in jenem Männergremium bin ich dankbar. Ich konnte nicht selten beobachten, wie geschickt Männer ihre

Rivalitäten mit endlosen, scheinbar logisch-rationalen Debatten mehr oder weniger erfolgreich kaschierten. Und ich bekam einen ersten Geschmack davon, was inzwischen viele Untersuchungen bestätigen, nämlich dass gendergemischte Teams am erfolgreichsten sind. Obwohl ich mehrheitlich nur positive Erfahrungen als Quotenfrau gemacht habe, geht mein Blick in diesem Buch in eine andere Richtung.

Mein Ja zur Frage nach meiner Stellung zum Feminismus kommt von Herzen, wenn jene Frauen gemeint sind, die ganz nüchtern nach dem Beitrag der Frau zum Patriarchat fragen, in der Analyse jedoch nicht stehen bleiben, sondern nach dem Neuen suchen und bereits Elemente einer neuen Beziehung zu sich selbst und zwischen den Geschlechtern entdeckt haben. Es ist eine Binsenwahrheit, dass wir einzig und allein nur uns selbst ändern können – nie die anderen, nur uns selbst. Es ist aber ebenso wahr, dass mit unserer Transformation auch das Gegenüber in einen Wandlungsprozess hineingenommen wird. Und je liebevoller wir in der Beziehung und Verbundenheit bleiben, auch wenn diese Haltung noch so schwer zu praktizieren sein mag, desto mehr eröffnen wir ein Bewusstseinsfeld, in dem Veränderungen möglich werden.

So geht es mir in diesem Buch in erster Linie darum, ein brachliegendes Potenzial in uns Frauen zu erforschen, welches Männer und Frauen gleichermaßen dabei unterstützt, sich aus den für beide Geschlechter schwierigen und schmerzhaften Fesseln des Patriarchats zu befreien. Die einseitige Vorherrschaft von Frauen in der Zeit des Matriarchats – sollte es dieses tatsächlich gegeben haben – genauso wie die Dominanz der Männer in den letzten Jahrtausenden kommen zu einem Ende. In vielen Menschen ist die Sehnsucht nach einer gleichberechtigten und gleichwertigen Partnerschaft von Frau und Mann im privaten und öffentlichen Leben erwacht. Sie suchen und forschen nach entsprechenden Formen des Denkens, Fühlens und Handelns.

Bis vor wenigen Jahren noch war ich davon überzeugt, dass wir die nächsten Entwicklungsschritte zu diesem Ziel nur gemeinsam – also als Mann und Frau – gehen können. Mein eigenes Leben lehrte mich jedoch überraschenderweise etwas anderes. Vor einigen Jahren durchlebte ich Tage, an denen ich am Morgen kaum aus dem Bett kam; nicht etwa, weil ich zu wenig geschlafen hatte, sondern wegen heftiger Schmerzen in der linken Hüfte, die mich in eben jener Bewegung lähmten, um vom Bett sitzend ins Stehen und Gehen zu kommen. Mal waren die Schmerzen da, dann verschwanden sie wieder, um später umso heftiger wieder aufzutauchen. Zu dieser Zeit war ich Leiterin des Lassalle-Instituts, einer Institution, in der Trainingsprogramme für Führungskräfte auf der Grundlage eines holistischen Ansatzes entwickelt und angeboten, angehende Führungskräfte besonders gefördert und Forschungsarbeiten zu Fragen der Ethik in Wirtschaft und Politik durchgeführt und publiziert wurden. Die Gründer des Instituts, Pia Gyger und Niklaus Brantschen, initiierten in jener Zeit ein neues Projekt, das spirituell-politische Jerusalem-Friedensprojekt. Mir selbst machte die Arbeit viel Freude, ich war voller Elan, hatte viele Ideen, war nur eben etwas abgebremst durch dieses lästige Körpersymptom. Noch waren meine Fragen nach den Ursachen des Schmerzes nicht wirklich belastend und bedrängend.

Unterdrückte Weiblichkeit

Erst als der stechende Schmerz sich auch beim Gehen meldete, und zwar dann, wenn ich mit dem rechten Fuß einen Schritt nach vorn setzen wollte, wurde ich zunehmend unruhiger. Angst vor einer möglichen schweren Krankheit schlich sich in mein Tagesbewusstsein ein. Anti-Schmerz-Salben halfen nichts, der Schmerz saß tiefer und war auch durch Massage nicht erreichbar. Endlich war ich so weit. Ich wollte Klarheit. Als Erstes ließ ich mir einen Termin bei der Frauenärztin geben. Mit Erleichterung nahm ich die positiven Untersuchungsergebnisse auf.

Doch die stechenden Schmerzen blieben, kamen und gingen. Und noch immer konnte ich keinen Zusammenhang zu meinem Alltag herstellen.

Mein zweiter Arztbesuch führte mich zu einer besonderen Frau. Sie bietet neben der klassischen Medizin auch alternative Behandlungsformen an. Sie hat zudem ein vollständiges Psychologiestudium abgeschlossen und geht wie ich den Weg des Zen. Von ihr wollte ich mich an einen Facharzt überweisen lassen. Doch zunächst schilderte ich ihr meine Leidensgeschichte. Sie hörte mir wie immer geduldig zu und verstand sofort meinen Wunsch nach fachkundiger Abklärung. Trotzdem machte sie mir das Angebot, mich zunächst selbst zu untersuchen. Sie begann damit, mir Fragen zu stellen. Fragen, die mich nachdenklich machten: „Was beschäftigt dich am meisten? In welchen Situationen fühlst du dich angespannt? Wann fühlst du dich unwohl in deiner Haut?" So erzählte ich ihr, dass ich mich in meinem Berufsalltag häufig in patriarchalen Strukturen bewege und oft die einzige Frau unter Männern sei. Mit einer liebevollen, klaren Stimme stellte sie schon nach kurzer Zeit eine Diagnose, die mir unter die Haut ging. Mit großer Wahrscheinlichkeit sei keine weitere medizinische Untersuchung notwendig, vielmehr müsse ich versuchen, meine Haltung zu ändern. Ich sei zu angepasst, zu sehr verhaftet im männlichen Erfolgsmodell. Schlimmer noch: Wenn ich männliches Verhalten kopiere, könne ich den Männern kein wirkliches Gegenüber sein. Indem ich mich mit den männlichen Verhaltensweisen identifiziere, untermauere ich sogar mit diesem Verlust der Weiblichkeit die Höherstellung des männlichen Prinzips über das weibliche. Ich war schockiert, und in meinem Kopf sprach es von alleine weiter. Ich dachte an all die Bewertungen, die ich selbst so gut kannte: Lieb-Frau, Amazone, Mann-Frau, Macher-Frau, Eva-Weibchen ... Etwas hilflos bat ich um Rat. Sie schlug mir vor, nach der Energie zu suchen, die mir in den Männerkreisen fehle, und diese dann in mir selbst zu aktivieren. Wenn diese „Medizin" keinen Erfolg haben sollte, könne sie mich immer noch an einen qualifizierten Kollegen überweisen. Diesen Ratschlag nahm ich an und verabschiedete mich. Schon an der Tür wusste ich, wonach ich suchen musste: nach der Liebe zum Leben. Bereits die kleinen Buben werden darin geschult, zu gewinnen und zu siegen. Wenn sie größer werden, finden sie sich nicht selten im Haifischbecken wieder, wo der gewinnt, der andere verletzen kann und Rivalen auf dem Weg zu Ruhm, Status und Geld auszuschalten vermag. Im Kampfmodus gefangen bleibt die Liebe zum Leben auf der Strecke.

So begann ich die Poren meines Körpers für die Liebe zum Leben zu öffnen, atmete Liebe zum Leben ein und aus. Ferientage lagen vor mir. Ich war gewillt zu üben, zu üben, zu üben ... Doch in den ersten Tagen flutete ein Meer an Schmerzen in mein Becken. War es so etwas wie eine homöopathische Erstreaktion oder mehr? Ich blieb unbeirrt bei meiner Atemübung: Liebe zum Leben im Ein- und Ausatmen. Zu meiner Überraschung war plötzlich alles vorbei: So heftig wie der Schmerz gekommen war, ging er wieder weg. Nur selten meldeten sich die Schmerzen in den folgenden Monaten zurück. Damit hatte ich die Bestätigung, was mir gefehlt hatte: Liebe zum Leben.

Später habe ich mit anderen Frauen über diese Erfahrung gesprochen. Ich staunte, dass ich mit diesem Symptom nicht allein war. Ohne Liebe zum Leben kann sich in uns Frauen (vielleicht auch in den Männern) die Sehne entzünden, die für den Schritt nach vorn ins Leben zuständig ist. Meine bewusste Suche nach genuin weiblichen Werten und entsprechenden Haltungen hatte ihren Anfang genommen.

Der zweite Impuls, diese Forschungsreise fortzusetzen, kam von außen.

Kampf unter Frauen

Beim Durchblättern des neuen, gerade frisch gedruckten Jahresprogramms des Lassalle-Hauses entdeckte ich einmal mehr, dass da mein Name ohne Titel stand. Das „Dr." fehlte, während rundherum Männer mit ihren Titeln aufgeführt waren. In den Jahren zuvor hatte ich mich regelmäßig geärgert und nachgefragt, was der Grund des Versäumnisses sei. Erfolglos ... Den leitenden Männern konnte ich die Schuld nicht zuschieben. Es lag an denjenigen, die eher im Hintergrund arbeiteten, und dies waren fast ausnahmslos Frauen, denen ich tagtäglich begegnete. Sollte ich noch einmal hingehen und nach dem Grund fragen, obwohl ich die Antwort bereits wusste? Es einfach bleiben lassen? Irgendwann kippte mein Ärger in Trauer über die fehlende Wertschätzung zwischen uns Frauen. Mit Beschämung musste ich mir eingestehen, dass ich insgeheim das Verhalten von Frauen verachtete, die den „Herren in der Chefetage" lächelnd und im Gehorsam dienten, bis, ja bis das Maß mit einer gewissen Regelmäßigkeit übervoll wurde. Dann vereiste ihr Lächeln, das Gesicht wutverzerrt, degradierten sie die Herren verbal zu inkompetenten, narzisstischen Jungs. Mit diesem Schwall an Gehässigkeit und Geringschätzung schienen die Frauen ihr inneres Gleichgewicht wieder herzustellen. Von diesem Teufelskreis hatte ich mich distanziert, die Frauen in ihrem Verhalten abgewertet und sie damit von mir ferngehalten. Das wollte ich ändern.

So begann ich, die Frauen in mein Herz zu schließen und mich zu fragen, was mit uns Frauen nur los ist. Warum machen wir uns gegenseitig klein? Werden wir möglicherweise von archetypischen Grundmustern schattenhaft und unbewusst gesteuert? Und wie können wir einen Weg finden und uns gegenseitig helfen, die einseitige Haltung der unbewussten Anpassung an die Männerwelt und das devote Verhalten gegenüber männlichen Chefs zu überwinden, das, um Ausgleich zu schaffen, regelmäßig in verächtliche Respektlosigkeit ausartet? Wieder einmal durfte ich erfahren, wie fruchtbar die Berührung und Verbindung von Wut und Trauer werden kann. Dadurch werden neue Erfahrungsräume erschlossen und tauchen Fragen auf, die tiefere Selbsterkenntnis ermöglichen. Mich führte diese Auseinandersetzung zu den Urfrauen in der jüdisch-christlichen Schöpfungsgeschichte. Um meine Schattenseiten in diesem Frauenkonflikt zu lösen, wandte ich mich einmal mehr einer guten „Bekannten", der Wolfsfrau, zu und entdeckte dabei neue Züge dieser archetypischen Frauengestalt.

Noch etwas geschah in jenem Herbst im Jahr 2011 ...

Kundalini erwacht

Während einiger intensiver Zen-Übungstage erwachte die Kundalinienergie[2] oder vielmehr brach sie in mir mit vehementer Kraft und mit all den dazugehörenden Symptomen auf. Es folgten massive Energieschübe im Körper, die mich kaum noch schlafen ließen. Meine Körperzellen schienen auseinanderzudriften wie die Galaxien im sich ausdehnenden Universum. Ein kosmischer Tanz innen wie außen. Ich folgte diesem Tiefenimpuls, und so wurde das Tanzen zum Schlüssel, der mir half, meinen Körper zu beruhigen. Ich stand regelmäßig auf, wenn der Schlaf sich nicht einstellen wollte. Ausnehmend gerne tanzte ich zur Musik von Johann Sebastian Bach. Die Brandenburgischen Konzerte, ganz besonders aber das Magnificat, hatten eine starke und beruhigende Wirkung auf mich. Ich ließ diese himmlische Musik in meinen Körper einströmen, wartete auf einen inneren Bewegungsimpuls und folgte diesem mit Achtsamkeit und Neugier. Meistens tauchte mit der Zeit eine archetypische Figur auf, das

---

2 Die Kundalinienergie ist eine Lebenskraft im Menschen, die am Ende der Wirbelsäule eingerollt wie eine Schlange ruht. Wird sie erweckt, so steigt sie durch den inneren Kanal der Wirbelsäule hoch und transformiert Körper und Bewusstsein. Siehe dazu auch das Buch *Kundalini – Erweckung der geistigen Kraft im Menschen* von Gopi Krishna.

Unendlichkeitssymbol der Lemniskate, die liegende Acht. Ich entdeckte dieses Symbol überall im Körper. In ihm fanden die energetischen Wirbelstürme immer wieder ihre innere Ordnung. Doch bis sich diese dynamische Ordnungsbewegung einstellte und ihre besänftigende Wirkung im Körper auszulösen begann, hatte ich verschiedene Barrieren zu überwinden. Mich in Freiheit tanzend meinem Körper zu überlassen, ohne im inneren Kino verschiedene Blicke auf mich gerichtet zu wissen, war eine erste große Hürde. Mein innerpsychischer Konflikt fand Ausdruck in mannigfaltigen Projektionen: im Blick der sinnesfeindlichen Moralapostel, im begehrend und besitzergreifenden Blick der Männer, im neidischen und feindlichen Blick der Frauen, aber auch in bewundernden und befremdeten Blicken. All diese Impulse wollten von mir gesehen und angenommen werden. Erst dann waren sie bereit, in den Hintergrund zu treten und mich freizugeben. Eine zweite Hürde waren die kritischen, arglistigen inneren Stimmen, die mich fragten: Was machst du hier eigentlich? Sie waren sozusagen die Türsteher des nächtlichen Tanzraumes.

Wenn es mir in beglückenden Momenten gelang, mich in diesen von goldenem Licht durchfluteten Raum hineinzutanzen, beruhigte sich nicht nur mein Körper. Ich bekam auch eine Ahnung von einer ursprünglichen Gebetsform: der Hingabe an das große Schöpfungsgeheimnis im tanzenden Körper. In diesen Stunden erinnerte ich mich an einen sakralen Tanz, den Hula der indigenen Hawaiianer, den vor Jahren eine junge Frau auf einem Peace Camp im Bildungshaus Fernblick in Teufen aufgeführt hatte. Ihre Bewegungen waren sinnlich und heilig zugleich, umwerfend, faszinierend und energetisierend. Ihr jugendlicher, strahlend schöner Körper schien in einem Meer von Sinnlichkeit zu schwimmen. Gleichzeitig wirkte sie auch geheimnisvoll geschützt, als ob sie von einem sakralen Raum umgeben wäre, undurchdringlich für jeden missbräuchlichen Zugriff durch die Zuschauenden. An diesen Tanz erinnerte ich mich nun und hegte die Hoffnung, dass ich durch das Erlernen dieser Tanzweise von meinen energetischen Körperproblemen erlöst würde.

Während meiner früheren Aufenthalte auf Hawaii zum interreligiösen Dialog hatte ich öfter von Pele, der hawaiianischen Göttin des Feuers und des Tanzes, gehört und auch, dass sie von den Ureinwohnern und Ureinwohnerinnen noch immer verehrt wird. Jetzt schien sie in mein eigenes Leben treten zu wollen. Sie lockte mich und gab keine Ruhe, bis ich mich entschloss, sie an ihrem irdischen Wohnsitz auf Big Island zu besuchen.

Göttinnen rufen

Neben den energetischen Wirbelstürmen, die ich über das Tanzen zu harmonisieren versuchte, hatte ich eine weitere Herausforderung zu meistern. Mein Geist war hellwach, mehr noch – überwach. Gleichzeitig erlebte ich eine permanente seelische Aktivität, die aus einer Fülle sprudelte, die vom bewussten Ich weder gesteuert noch begrenzt werden konnte. Die Welt wurde „durchsichtig", jede räumliche und zeitliche Orientierung wurde zur Illusion, zu einer von Menschen gesetzten Begrenzung der Wirklichkeit. Mein Ich-Bewusstsein veränderte sich, das Ich entgrenzte sich. Ich wusste oft nicht mehr, wer ich bin, weil ich irgendwie alles war, was mir begegnete. Es blieb nur die nackte Gewissheit, dass ich existiere und im großen Gewebe des Lebens eingebunden und aufgehoben bin. Trotz der Durchsichtigkeit der Phänomene, ja vielleicht gerade deshalb, bekam die Wahrnehmung der Natur neue Konturen. Sie sprach zu mir in machtvollen Bildern, die gelegentlich und meist unerwartet wie ein wilder Bergbach auf mich einstürzten. Dann wurde alles bedeutungsvoll, enthielt eine tiefe Botschaft, schien mich auf geheimnisvolle Weise direkt anzusprechen.

Ich begann zu ahnen, was kollektive Weisheit bedeutet. Menschen, die bei mir Rat suchten, wurden zu meinen Lehrern und Lehrerinnen. In ihren Fragen lagen für mich verborgene Antworten. Auf diese Weise „führte" mich zum Beispiel ein Mann zu der ägyptischen Himmelskönigin Nut. Jener Mann war im Beruf äußerst erfolgreich, doch in seinem Privatleben litt er an manchen Tagen und Nächten unter dunklen Stimmungen und war dann für die Familie kaum mehr ansprechbar. Es war eine jahrzehntelange Leidensgeschichte. Auf der Suche nach Unterstützung und Weisung tauchte Nut auf und die Botschaft, dass ihre ordnende Kraft ihn schützen würde. So war es denn auch; dem Mann ging es zunehmend besser. Zurück ließ er Nut, eine ägyptische himmlische Ahnfrau, die mich seither begleitet und in verborgene, verschüttete Frauenweisheiten einführt.

Da ich vor fünfzehn Jahren bereits einmal einen massiven Bewusstseinseinbruch erlebt hatte und damals zunächst nicht wusste, wie damit umzugehen ist, sollte es dieses Mal anders werden. Mir war klar, dass ich, wollte ich nicht wieder in Panikzustände abrutschen, die Themen, die in den schlaflosen Nachten von irgendwoher auftauchten, möglichst ohne große Widerstände liebevoll aufzunehmen und zu gestalten hatte. In dieser Zeit versuchte ich mehrmals, einen Lehrer oder eine Lehrerin zu finden, der oder die sich mit solchen Prozessen gut auskannte und mich begleiten könnte. Mein Körper gab mir jedoch deutliche Signale, dass dies für mich zu diesem Zeitpunkt kein gangbarer Weg sei. Jedes Mal, wenn ich mich jemandem anschließen und eine formelle Ausbildung beginnen wollte, erkrankte ich. Während der verordneten Bettruhe meldete sich die innere Stimme fordernd und klar: Ich solle in Zukunft ganz auf die innere Führung vertrauen und darauf verzichten, mich einem anderen Lehrsystem anzuschließen. Dem Leben vertrauend wurde ich geführt, lernend sollte ich Schritt für Schritt eingeweiht werden. Zu meinen etwas ungewöhnlichen Lehrmeistern wurden der eigene Körper, der Nachthimmel, Menschen in Not, Tiefenimpulse, energetische

Felder, Bäume, Archetypen[3], Göttinnen[4], Freundinnen und Freunde wie auch Fragen, auf die es keine Antworten gibt, und vieles mehr.

Das „Draußen-Vor" oder „Drin-Sein"

Ich hatte gehofft, dass ich, wenn ich älter werde, meine innere Entdeckungsreise und persönlichen Wachstumsprozesse einmal ohne sofortige Umsetzung in Kursarbeit und in Veröffentlichungen begehen dürfe. Doch so sollte es offenbar auch dieses Mal nicht sein. Wenn ich anfing, in Gesprächen mit Frauen von meiner inneren Suche zu erzählen, kam als Rückmeldung mehrfach die Aussage, dass ich ausspreche, was sie selbst ahnend, meist noch sprachlos, in sich trügen. Mehr noch, sie hätten mich schon länger als eine spirituelle Lehrerin angenommen, nicht nur im Zen, nein, in der weiblichen Spiritualität, denn sie hätten in den letzten Jahren wahrgenommen, dass sich in mir ein tiefes „Frauen-Wissen" erinnere; an diesem Geburtsprozess würden sie gerne teilhaben. Manchmal wurden sie regelrecht fordernd. Ich solle mich nicht anstellen, es sei meine Aufgabe, und dabei gehe es weniger um mich persönlich als um die Sache der Frau. Dieser Prozess liegt offenbar nicht in meiner Hand. Wenn ich mich gegen das Auftauchen von neuen Informationen sträube und einfach ein gewöhnliches, normales Leben führen will, werde ich krank. Es gibt Tage und Nächte, da melden sich die archetypischen Frauen wie Lilith, Eva, Wolfsfrau, Nut, Pele, Kanzeon, Maria und Maria von Magdala in Visionen und Träumen, nehmen

---

3 Ein Archetyp ist ein Urbild der Seele, das Denken, Gefühle und Verhalten des Menschen formt und bestimmt. Es gibt zahlreiche Archetypen. Sie sind wirkmächtig, unabhängig von Zeit, Kultur und Geschlecht. Für uns ist wichtig zu wissen, dass jede mythologische Gestalt einen Archetyp repräsentiert. Siehe dazu auch: C. G. Jung, *Grundwerk*, S. 77 ff.

4 Göttinnen haben hier zwei Bedeutungen: Sie beschreiben einerseits Archetypen unserer Seele; sie verkörpern jedoch auch machtvolle, feinstoffliche Wesenheiten, die, den Engeln verwandt, nicht an Raum und Zeit gebunden sind. Siehe dazu auch: Alfons Rosenberg, *Engel und Dämonen*, S. 7 ff. und 47 ff.

Besitz von mir und werden so zu meinen Lehrerinnen. Sie führten und führen mich durch schwindelerregende Höhen und erschreckende Tiefen. Ihr Weisheitswissen und ihre Gaben, die mir in den Begegnungen mit ihnen geschenkt werden, gehören nicht mir allein. Ihre Geschenke unterstützen uns Frauen in der Gegenwart. Sie begleiten uns auf der Reise zu uns selbst, zu unseren Tiefen und unerforschten Potenzialen. So werde ich jeder dieser Frauengestalten ein Kapitel widmen. Und jedes Kapitel wird abgeschlossen mit Anregungen in Form von Übungen, Reflexionen und Meditationen zur persönlichen Vertiefung des jeweiligen Themas und zur Weiterarbeit.

Bestätigung und Unterstützung in meinem Vorgehen fand ich bei der Theologin Jutta Voss. Sie schreibt in der Einführung zu ihrem aufsehenerregenden Buch „Das Schwarzmond-Tabu":

„Das Nachvollziehen matriarchaler Mythen [aus meiner Sicht gilt dies nicht nur für matriarchale Mythen; Anm. d. Autorin] erlaubt kein anderes als ein mythisches Denken. Dies ist geprägt von der subjektiven Teilnahme am Geschehen und von der existenziellen Betroffenheit. Es ist eine andere Art zu reflektieren, ein >Drin-Sein< im Geschehen. Der heutige rational denkende Mensch meint, er könne ein Geschehen objektiv betrachten, sozusagen >draußen-vor< bleiben. Er desintegriert sich aus der Ganzheit, vertritt und entfaltet Ideen *über* sie, aber lebt nicht *in* ihr. (…) Was die Quantenphysik beschreibt, dass Beobachter und Beobachtetes sich in den Reaktionen bedingen und eine Einheit darstellen, der objektive Wissenschaftler in Wirklichkeit als subjektiver Teilnehmer handelt [und die Ergebnisse der Forschung mitbestimmt; Anm. d. Autorin] ist dem mythischen Denken völlig vertraut. Über die Quantenphysik kommen wir zurück zur mythischen Ganzheitserfahrung allen Lebens, zur sichtbaren Materie und deren unsichtbarer Wesenheit, die hinter allem aufleuchtet."[5]

---

5 Jutta Voss, *Das Schwarzmond-Tabu*, S. 24.

Das vorliegende Buch schrieb ich in der Logik des „Drin-Seins", aus der Perspektive der existenziellen Berührung und des Angesprochenseins. Doch in mir lebt auch das „Draußen-vor"-Denken. Beide Denkmuster haben sich im Laufe des Schreibens immer wieder gerieben, auch gegeneinander gekämpft und sich gegenseitig gelähmt. Doch schlussendlich entschied ich mich für das mythische Denken und lade Leserinnen und Leser ein, sich mit mir auf dieses Wagnis einzulassen.

In der Beschäftigung mit der Wolfsfrau stieß ich bei Clarissa Pinkola Estés nochmals auf einen ganz besonderen Hinweis, wie wir von alten Geschichten am meisten lernen können. Sie schreibt:

> „Wir erleben eine Geschichte, indem wir die Türen des inneren Gehörs öffnen, das gesprochene Wort in uns eindringen und es in den untergründigen Korridoren unserer Psyche widerhallen lassen.
>
> Im Altertum ging man davon aus, dass der Gehörnerv des Menschen sich in den Tiefen des Gehirns auf drei oder mehr Kanälen verteilt, woraus die damaligen Mediziner schlossen, dass das menschliche Ohr auf drei verschiedenen Ebenen hört. Ein Gehörgang wurde den normalen Alltagsgeräuschen und Gesprächen zugeordnet, während der zweite für alle wissens- und lernenswerten Klanglaute zuständig war. Der dritte Gehörgang wurde als eine Art Seelenkanal interpretiert, über den spontane Eingebungen direkt an die Seele weiter geleitet werden, auf dass sie hören könne, was als nächstes zu tun sei."[6]

Genauso wünsche ich mir, dass Leserinnen und Leser mit ihrem befreiten Seelenkanal diesem Buch Gehör schenken, sodass sie anschließend in der Treue zu sich selbst wissen, was zu tun ist.

---

6 Pinkola Estés Clarissa, *Die Wolfsfrau*, S. 29 f.

Gelächter in heiligen Hallen

Manchmal muss ich in ferne Länder reisen, um zu erkennen, was auch zu Hause, sozusagen vor der eigenen Haustür, zu entdecken wäre. So geschah es auch 2012 auf einer Zen-Studienreise nach Japan, die ich zusammen mit Dieter Wartenweiler und Niklaus Brantschen leitete. Neben den Städten Tokyo, Kyoto, Hiroshima und Kamakura besuchten wir auch bedeutende Zen-Stätten. Bei der Begrüßung im berühmten Eheiji-Tempel stellte mich Dieter dem für die Gäste verantwortlichen Zen-Mönch und -Lehrer als Zen-Meisterin vor. Erst schaute mich dieser erstaunt an. Als er dann anfing schallend zu lachen, erstarrte ich für einen Moment, doch dann brach ein Lachen in mir aus, das sich unmittelbar auf die uns Umstehenden übertrug, als hätten wir den besten Witz des Tages gehört. Ich erlebte mich in einem Raum der Gnade, jenseits von Kränkung und Verletzung. In diesem ansteckenden „Lach-Raum" öffnete sich eine Dimension jenseits des eingeschliffenen, gegenseitig verletzenden Rollenverhaltens zwischen Mann und Frau. Dabei erkannte ich mit einer zuvor nie erfahrenen Klarheit das Leiden der Männer im Gefängnis patriarchaler Strukturen. Auch in diesem Mönch musste durch die Begegnung im gemeinsamen Gelächter eine Wandlung geschehen sein. Ich erlebte mich von ihm während des ganzen Besuchs in einer besonderen Weise ernst und wahrgenommen. In mir selbst hallte das befreiende Lachen noch Tage nach und weckte Fragen: Was wäre, wenn ich in Zukunft auf patriarchales Gehabe mit Humor statt mit Verletztheit, Wut oder Ignoranz reagieren könnte? Und welche Transformation stünde in mir/in uns Frauen an, damit diese Befreiung nachhaltig würde und wir in Freiheit die Männer einladen könnten, das gemeinsam errichtete, uralte Gefängnis mit einem befreienden Gelächter zu verlassen? Leicht, kampflos, gewaltlos, mit einem wachen Herzen und weitem Geist?

Tödlicher Gehorsam

Auf einer spirituell-politischen Reise nach Ostpreußen im Sommer 2013 wurde ich mit Vehemenz daran erinnert, wie tödlich und grausam das Gefängnis von patriarchalen Gehorsamsstrukturen sein kann. Auf unserem Weg von Pillau nach Königsberg (heute Kaliningrad) machten wir halt in Palmnicken, einem Ort, in dem eines der letzten Holocaust- Massaker stattgefunden hat. Im Januar 1945, die Russen waren bereits im Vormarsch, wurden ca. dreitausend jüdische Frauen aus den Arbeits- und Konzentrationslagern rund um Königsberg zusammengetrieben und auf einen Todesmarsch Richtung Meer geschickt. Junge Männer, zwischen sechzehn und achtzehn Jahren, die noch am Ende des Krieges als Verstärkung der Armee eingezogen worden waren, begleiteten sie. In Palmnicken angekommen versuchte der Dorfvorsteher vergeblich, die Frauen zu retten. Er wurde am Morgen des Tages, an dem sie über eine Sanddüne ins eiskalte Meer getrieben und erschossen wurden, unter einem Vorwand aus dem Dorf geschickt. Nur wenige überlebten den Kugelhagel.

Als wir an dem Denkmal einen Teil des jüdischen Totengebetes sangen, begann es, in feinen Tropfen, sozusagen als Segen des Himmels, zu regnen. Spontan gingen wir schweigend zum Meer, streuten Blumen ins Wasser und begannen zu singen, als könnten die Frauen uns hören. Arm in Arm stehend drehten wir uns langsam um, nun die jungen Soldaten im Blick. Das Singen wurde schwerer. Für Täter zu singen ging für viele an psychisch-physische Grenzen. Wie sehr Soldaten an ihren im Krieg begangenen Gewalttaten leiden, obwohl sie juristisch schuldfrei sind, weiß ich aus der Arbeit in Peace Camps mit Jugendlichen aus den verschiedenen Ethnien während und nach dem Balkankonflikt. Noch immer kann ich die Stimme eines Dorfvorstehers in der Krajina hören, der uns stolz das im Krieg zerstörte und mit ausländischem Geld wieder aufgebaute Dorf zeigte. Zum Schluss meinte er, dass genügend Geld vorhanden sei. Mit blicklosen, in die Ferne gerichteten Augen fuhr er fort: „Wer aber hilft uns – Männern wie Frauen –, die zerschossenen, zerstörten Herzen zu heilen?"

Auf der Fahrt Richtung Königsberg beschäftigten uns Fragen, auf die wir keine abschließenden Antworten fanden: Wie tragen wir auch im Kleinen dazu bei, dass Mord und Totschlag, Krieg und Terror zur Menschheitsgeschichte gehören? Mit welcher Kraft wagen wir Nein zu sagen, wenn blinder Gehorsam verlangt wird? Und wie können wir die Opfer-Täter-Spirale in den Beziehungen zwischen den Geschlechtern transformieren? Der renommierte Politologe Rudolph Joseph Rummel[7] beziffert die Zahl der Kriegstoten zwischen dem 6. und dem 20. Jahrhundert auf 110 Millionen und die staatlich verantworteten Massenmorde durch Terror, Massaker und Verbrennung auf 192 Millionen. Andere Statistiken kommen auf noch weit höhere Zahlen. Wie auch immer gezählt wird, was bleibt, ist die Unvorstellbarkeit und Ungeheuerlichkeit solcher Zahlen. Opfer werden zu Tätern und Täter zu Opfern, Trauma reiht sich an Trauma und wird über Generationen weitergegeben. Auch das mögliche Ende des Kriegszeitalters ist Thema dieses Buches und damit verbunden die Frage: Was können wir beitragen beziehungsweise wie müssen wir uns verändern, damit diese todbringende Strategie der Konfliktlösung, die eigentlich nie eine Lösung schafft, überwunden werden kann? Die Stimme, die mich jetzt „Naivling" nennt, weil Krieg zur Natur des Menschen gehöre, vernehme ich auch in mir. Zugleich gab und gibt es aber die Vision, dass Löwe und Lamm nebeneinander leben und ein kleines Kind neben einer giftigen Schlange spielen kann. Während die erste Stimme zur Passivität einlädt, lockt die zweite dazu, das Unmögliche möglich zu machen.

So lade ich Leserinnen und Leser ein, mit mir an einen der Ursprünge ungelöster Konfliktmuster in der abendländischen Menschheitsgeschichte und des daraus folgenden ersten Brudermordes zu kommen. Vielleicht liegen dort verborgene Schlüssel zur Lösung heutiger Probleme.

---

7 Rudolph Joseph Rummel, *Death by Government*, S. 137 ff.

Übungen

Der Tanz des Lebens

Diesen Teil mit Übungen und Reflexionen beginne ich mit einer Anleitung zu einem ganz persönlichen Ausdruckstanz. Er fördert die Verbindung innerer und äußerer Rhythmen und stärkt die Körperwahrnehmung.

1. Schmücke deinen „Tanzraum" mit Schönheit, mit Blumen und Kerzen.

2. Achte darauf, dass du in der Zeit des Tanzes nicht gestört wirst. Schalte Telefon und Handy aus, schließe eventuell das Zimmer ab oder hänge ein „Bitte nicht stören"-Schild an die Zimmertür beziehungsweise unterrichte deine Mitbewohner und Mitbewohnerinnen darüber, dass du nicht gestört werden willst.

3. Wähle eine Lieblingsmusik, zu der du tanzen möchtest. Du wirst sehr schnell wahrnehmen können, ob die Musik dich stärkt oder schwächt.

4. Stelle dich in die Mitte des Raumes und lass die Musik in deinen Körper einströmen. Lass deinen Körper sich mit Musik füllen und genieße diese feine Körperschwingung.

5. Warte, bis von innen ein Bewegungsimpuls kommt und folge ihm. Achte darauf, dass die Bewegungen nicht automatisch werden. Wenn dem so ist, halte inne und warte wieder, bis sich ein nächster Bewegungsimpuls einstellt.

6. Nimm die inneren Barrieren war, die Blicke und kritischen Stimmen. Bejahe sie und lass sie dann los.

7. Lass dich von deinem Körper in deinen sakralen Tanzraum führen. Übergib dich ganz diesem sakralen, sinnlichen Tanz.

Tausche dich danach mit Freundinnen über deine Erfahrungen aus. Vielleicht ist es dir möglich, auch mit deinem Partner oder Freund über diese Erfahrungen zu sprechen. Aus Seminaren mit Frauen weiß ich, dass der Austausch allein unter Frauen manchmal für den Entwicklungsprozess besonders förderlich ist.

LILITH
UND EVA –
ein Wiedersehen

Im Anfang war ...

Beim Nachdenken über mein eigenes Verhalten der unbewussten Anpassung an das männliche Erfolgsmodell im Berufsleben und meinen Kampf gegen die Diskriminierung von selbstbewussten Frauen in patriarchalen Strukturen stieß ich auf den jüdisch-christlichen Schöpfungsmythos. Diese Geschichten von der Erschaffung des Menschen sind in unsere Seelen eingeschrieben. Sie prägen, meistens unbewusst, unser Welt- und Menschenbild und damit unsere Weise zu sein, zu denken, zu lieben und zu handeln.

Wer kennt sie nicht, die Geschichte der Erschaffung des ersten Menschenpaares? Schon lange wusste ich, dass nicht nur eine Schöpfungsgeschichte im ersten Buch Mose, der Genesis, steht, sondern deren zwei. Bisher hatte ich mich wenig darum gekümmert, es schien mir geradezu belanglos. Durch die Beschäftigung mit der Entwicklungsgeschichte von Frauen im öffentlichen Leben hat sich meine Sicht dazu wesentlich verändert. Zur Erinnerung sind hier beide Texte aufgeführt. Die erste Version lautet in der Einheitsübersetzung der Bibel wie folgt:

> „Dann sprach Gott: Lasst uns Menschen machen als unser Abbild, uns ähnlich. Sie sollen herrschen über die Fische des Meeres, über die Vögel des Himmels, über das Vieh, über die ganze Erde und über alle Kriechtiere auf dem Land. Gott schuf also den Menschen als sein Abbild; als Abbild Gottes schuf er ihn. Als Mann und Frau schuf er sie. Gott segnete sie und Gott sprach zu ihnen: Seid fruchtbar und vermehrt euch, bevölkert die Erde, unterwerft sie euch und herrscht über die Fische des Meeres, über die Vögel des Himmels und über alle Tiere, die sich auf dem Land regen. Dann sprach Gott: Hiermit übergebe ich euch alle Pflanzen auf der ganzen Erde, die

Samen tragen, und alle Bäume mit samenhaltigen Früchten. Euch sollen sie zur Nahrung dienen. Allen Tieren des Feldes, allen Vögeln des Himmels und allem, was sich auf der Erde regt, was Lebensatem in sich hat, gebe ich alle grünen Pflanzen zur Nahrung. So geschah es. Gott sah alles an, was er gemacht hatte: Es war sehr gut. Es wurde Abend und es wurde Morgen: der sechste Tag." *(1. Mose, 1, 26–31)*

Dieser Text, Teil der sogenannten Priesterschrift, ist während oder kurz nach dem babylonischen Exil entstanden. Es ist anzunehmen, dass dabei die Auseinandersetzung mit den babylonischen Schöpfungsmythen eine bedeutende Rolle spielte. In dieser Geschichte wird die Frau mit dem Namen Lilith (von der wir später noch mehr hören werden) gleichzeitig mit Adam, dem Mann, aus Gottes Wort geschaffen. Im zweiten Bericht, der einer anderen, älteren Quelle zugeordnet ist und in Israel in einem bäuerlichen Umfeld geschrieben wurde, steht die Geburtsstunde der Frau unter einem völlig anderen Vorzeichen. Im zweiten Kapitel der Genesis wird über dieses folgenschwere Ereignis erzählt:

„Da formte Gott, der Herr, den Menschen aus Erde vom Ackerboden und blies in seine Nase den Lebensatem. So wurde der Mensch zu einem lebendigen Wesen. Dann legte Gott, der Herr, in Eden, im Osten, einen Garten an und setzte dorthin den Menschen, den er geformt hatte. Gott, der Herr, ließ aus dem Ackerboden allerlei Bäume wachsen, verlockend anzusehen und mit köstlichen Früchten, in der Mitte des Gartens aber den Baum des Lebens und den Baum der Erkenntnis von Gut und Böse. (...) Gott, der Herr, nahm also den Menschen und setzte ihn in den Garten von Eden, damit er ihn bebaue und hüte. Dann gebot Gott, der Herr, dem Menschen: Von allen Bäumen des Gartens darfst du essen, doch vom Baum der Erkenntnis von Gut und Böse darfst du nicht essen; denn sobald du davon isst, wirst du sterben. Dann sprach Gott, der Herr: Es ist nicht gut, dass der Mensch allein bleibt. Ich will ihm eine Hilfe machen, die ihm entspricht. Gott, der Herr, formte aus dem Ackerboden alle Tiere des Feldes und alle Vögel des Himmels und führte sie dem Menschen zu, um zu sehen, wie er sie benennen würde. Und wie der Mensch jedes lebendige Wesen benannte, so sollte es heißen. Der Mensch gab Namen allem Vieh, den Vögeln des Himmels und allen Tieren des Feldes. Aber eine Hilfe, die dem Menschen entsprach, fand er nicht. Da ließ Gott, der Herr, einen tiefen Schlaf auf den Menschen fallen, sodass er einschlief, nahm eine seiner Rippen und verschloss ihre Stelle mit Fleisch. Gott, der Herr, baute aus der Rippe, die er vom Menschen genommen hatte, eine Frau und führte sie dem Menschen zu. Und der Mensch sprach: Das endlich ist Bein von meinem Bein und Fleisch von meinem Fleisch. Frau soll sie heißen, denn vom Mann ist sie genommen. Darum verlässt der Mann Vater und Mutter und bindet sich an seine Frau und sie werden ein Fleisch. Beide, Adam und seine Frau, waren nackt, aber sie schämten sich nicht voreinander." *(1. Mose, 2, 7–9 und 2, 15–25)*

Die beiden Geschichten könnten aus der Perspektive der Frau nicht unterschiedlicher sein. Entsprechend dem zweiten Bericht ist die erste Frau nicht aus Gottes Wort geboren, sondern aus der Rippe des Mannes – mit beträchtlichen Konsequenzen für Mann und Frau und für die Beziehung zwischen den Geschlechtern.

Die nun folgende Darlegung dieser biblischen Textstellen orientiert sich nicht an der traditionellen theologischen Exegese. Ich habe einen anderen Weg gewählt, bin eingetaucht in den Erzählstrom und den Bilderreigen, wie er mir aus der Bibel entgegenkommt.

Kosmischer Schöpfungstanz

In Genesis 1 wird uns berichtet, dass Gott den Menschen durch sein machtvolles, schöpferisches Wort als sein Abbild erschuf, als Mann und Frau. Im Gleichklang, im Miteinander, ohne dass eine Person der anderen über- oder untergeordnet ist, ergeben sie gleichsam ein Spiegelbild des göttlichen Urgrundes allen Seins. Welch eine Botschaft! Am Ursprung der Menschheit steht ein Paar, das in einzigartiger Weise Ausdruck der schöpferischen Ur-Energie ist, einer Energie, die das Universum, alle Galaxien und die leeren Räume zwischen ihnen hervorgebracht hat. Wenn ich mich vorbehaltlos von diesem Mythos berühren lasse, dann sehe ich keine Vergangenheit, sondern vielmehr eine mögliche Zukunft in der Beziehung zwischen den Geschlechtern. Diese Schöpfungsgeschichte ist visionär und verheißungsvoll. In jeder Paarbeziehung schlummert demnach ein Potenzial von unermesslicher Tiefe und Weite. Es findet sich darin die Möglichkeit, den Urgrund, und mit ihm alles Erschaffene, in der einzigartigen Verbindung von Mann und Frau zu erfahren und nicht nur dies. Jedes Paar hat das Potenzial, einander den Urgrund in der Beziehung zu spiegeln.

In der Urfassung steht für Gott ein Begriff, der alle Polarität übersteigt. Aus dem Nichts, das auch als Liebe erfahren werden kann, kommt jede Gestalt und Form hervor, entsteht Schöpfung. Sie ist durch und durch geprägt von einem polaren Prinzip, einem kosmischen Tanz, am ersten Tag beginnend mit Himmel und Erde, Finsternis und Licht. Jeder Tag wird litaneiartig abgeschlossen mit den Worten: „Und Gott sah, dass es gut war." Am sechsten Schöpfungstag kulminiert die Polarität in Mann und Frau. An allen vorangehenden Schöpfungstagen fehlt der Hinweis, dass alles Geschaffene nichts anderes sein kann als Abbild des Urbildes. Damit erhält der Mensch eine herausragende Stellung in der Schöpfung. Und so heißt es denn auch zum sechsten Schöpfungstag im Unterschied zu den vorherigen: „Gott sah alles an, was er gemacht hatte: Es war sehr gut."

Die Naturwissenschaften haben in den letzten Jahrhunderten einen möglichen Schlüssel gefunden, wie der Erkenntnisprozess, die Spiegelung des Urbildes im Menschen, nicht nur zu erfahren, sondern auch zu verstehen ist. Wir wissen bis heute nicht, welche Bewusstheit kleinste Materieteilchen, Atome, Moleküle, Steine, Berge, Pflanzen und Tiere haben. Dass sie jedoch eine Form der Bewusstheit ihr Eigen nennen, beschreibt Teilhard de Chardin eindrücklich.[8] Die Materie besitzt nach ihm elementares Bewusstsein, denn den Atomen wohnt ein bestimmtes Wissen darüber inne, ob und wie sie zusammenpassen. So ist es auch in der Pflanzen- und Tierwelt. Bestimmte Moleküle verbinden sich beispielsweise zu Molekülketten und bilden damit die Basis des Lebens. Teilhard nennt das vorherrschende Bewusstsein in der Biosphäre vitales Bewusstsein. Bei den höheren Primaten taucht das reflexe Bewusstsein auf und im Menschen das selbstreflektierende Bewusstsein und damit die Möglichkeit, über sich selbst nachzudenken. Im Menschen erwacht die Fähigkeit, sich als Abbild der Ureinheit zu erkennen. Gott erkennt sich selbst in der Materie, allem Lebendigen und ganz besonders im Menschen. Den Autoren der ersten Schöpfungsgeschichte war es wichtig, daran zu erinnern, dass nicht ein Mensch allein, sondern wir nur als Paar – und dies nicht nur als Mann und Frau – Abbild Gottes sind. Damit wiesen sie auf eine unsichtbare, scheinbar paradoxe Dimension hin: Erst in der Beziehung zu einem anderen Menschen wird der Mensch zum Abbild Gottes und damit ein Ganzes. Urbild und Abbild sind im Tiefsten Beziehungswesen. Die geheimnisvolle Verbindung zwischen den Polen, das „Dazwischen", scheint dabei ausschlaggebend zu sein. Wird die Beziehung gebrochen, missbraucht oder verletzt, wird der Spiegel zu einem Scherbensplitterhaufen oder milchig-trübe. Doch letztlich kann die Verbundenheit nie endgültig getrennt werden, denn die Liebe hofft alles, erträgt alles und hält allem stand. Das ist eine der zentralen Botschaften dieser Schöpfungsgeschichte.

---

8 Adolf Haas, *Teilhard de Chardin Lexikon*, S. 111.

In den letzten Jahrzehnten sind verschiedenste Bücher über die Paarbeziehung zu Bestsellern geworden. Insbesondere Frauen berichten, dass die psychische, geistige und spirituelle Dimension in der Begegnung, vor allem in der Sexualität, an Bedeutung gewinnt. Es steht an, dass wir die verschiedenen Aspekte der Verbundenheit zwischen den Polen von Mann und Frau wie die Farben eines Regenbogens neu entdecken, erfühlen und durchdringen.

Und noch eine Polarität will gesehen werden, nämlich die zwischen der ersten und zweiten Frau Adams – Lilith und Eva. Die Verbindung zwischen diesen Urfrauen ist im Patriarchat unterbrochen, bestenfalls verschüttet worden.

Adam und Lilith, seine erste Frau

Namen sind nie nur Namen, sondern auch Programm. Das gilt bereits für die Ureltern Adam und Lilith. Adam ist abgeleitet vom hebräischen Wort für Erde *Adamah*, während Lilith in Verbindung mit dem sumerischen Wort *Lil-la* steht, was „Sturm- oder Windgott" bedeutet, aber auch mit dem hebräischen Wort *Laila*[9], was „Nacht" heißt. Bemerkenswert ist, dass Liliths Name im Alten Testament nur einmal auftaucht, und zwar bei Jesaja 34, 13 f.:

> „An seinen Palästen ranken sich Dornen empor, in den Burgen wachsen Nesseln und Disteln. Das Land wird zu einem Ort der Schakale, zu einem Platz für Strauße. Wüstenhunde und Hyänen treffen sich hier, die Bocksgeister begegnen einander. Auch Lilit (das Nachtgespenst) ruht sich dort aus, findet für sich eine Bleibe."

Welch grandioser, gnadenloser Abstieg einer Gestalt, deren Wurzeln religionsgeschichtlich bis in matriarchale Zeiten zurückreichen, in denen Lilith (siehe Abb. 1 im Bildteil) als Göttin und

---

9 Siegmund Hurwitz, *Lilith – Die erste Eva*, S. 59 ff.

Große Mutter verehrt wurde.[10] Siegmund Hurwitz, ein namhafter Lilith-Forscher, deutet diese Entwicklung wie folgt:

> „Dass Lilith in der talmudischen Tradition als derart gefährlich und dämonisch empfunden wurde, hat sowohl historische als auch psychologische Gründe. Es hängt in erster Linie mit der patriarchalen Einstellung des talmudisch-rabbinischen Judentums zusammen, in welcher das Weibliche stets als Bedrohendes empfunden wird. Daher wird in der jüdisch-christlichen, abendländischen Kulturentwicklung das Weibliche aus einer gewissen Abwehrstellung heraus nicht nur entwertet, sondern geradezu dämonisiert."[11]

Starke Worte für einen Mann ...

In der jüdischen Mystik ist der Mythos von Lilith als erster Frau Adams im frühen Mittelalter erst richtig lebendig geworden.[12] Lilith ist wie Adam aus Gottes Wort erschaffen. So darf uns nicht überraschen, dass sie ein natürliches Selbstbewusstsein besitzt. Doch auch in dieser Erzähltradition wird Lilith ihr selbstsicheres Auftreten zum Verhängnis. Sie erwartet in ihrer Beziehung Gleichberechtigung und Ebenbürtigkeit. Im Sexualverhalten ist sie nicht weniger anspruchsvoll als er. Sie sorgt selbstbewusst für die Erfüllung ihrer Bedürfnisse. Und sie will, genauso wie er, unabhängig, selbstbestimmt und frei sein. Das kann nicht lange gut gehen zwischen den beiden. Sie verlieren sich in Streitigkeiten. Das Maß ist endgültig voll, als sie sich weigert, im Sexualakt unter ihm zu liegen. So etwa wird die Geschichte von Adam und seiner ersten Frau und von dem Bruch in ihrer Beziehung tradiert. Unglaublich, wie der Mythos einer vergleichsweise banalen Bettgeschichte Folgen von global-kosmischem Ausmaß haben konnte, mit weitreichenden kulturgeschichtlichen, politischen und sozialen Konsequenzen insbesondere für die Beziehung der Geschlechter

---

10 Ebd., S. 38.
11 Ebd., S. 103.
12 Ebd., S. 165.

und die Stellung der Frau. Erst durch die intensive Beschäftigung mit der ägyptischen Göttin Nut und den beiden höchst unterschiedlichen bildlichen Darstellungen von ihr fand ich eine mögliche Erklärung. Es scheint, dass die triviale Sexgeschichte einen viel tief greifenderen Machtkampf überdeckt, den Kampf um die Vormachtstellung im himmlischen Bereich.

Die Protagonisten des mythischen Dramas[13], Adam und Lilith, sind der Auseinandersetzung nicht gewachsen, und sie können es auch nicht sein. Sie verlässt ihn, weil der dauernde Konflikt für sie zu schwierig und am Ende unerträglich wird. Genauso muss es ihm ergangen sein, denn er kann oder will sie nicht zurückhalten. Die Beziehung zerbricht. Adam bleibt allein im Paradies zurück, während sie das Weite sucht. Seither lebt Lilith ein Schattendasein. Sie wird zur Ausgestoßenen der Gesellschaft. Ihr werden alle negativen Aspekte von Frauen zugeschrieben: Hure, Kindsmörderin und Hexe. Da ist keine Spur mehr zu finden von einer großen weiblichen Gottheit.

Als ich diese Interpretation der Erzählung über die Erschaffung des ersten Menschenpaares und über ihre unglückliche Liebesgeschichte las, war ich fasziniert. Sie öffnete mir den Blick auf eine bis dahin verborgene Tiefenstruktur einer Frühform menschlicher Paarbeziehung, die aus meiner Sicht noch heute wirksam ist. Dazu muss ich etwas ausholen. In der Begegnung mit verschiedenen spirituellen Traditionen, insbesondere im Dialog über spirituelle Erfahrungen, wird deutlich, dass Menschen aller Zeiten und religiösen Traditionen den Urgrund allen Seins in großer Ähnlichkeit wahrnehmen; er ist weder männlich noch weiblich, vielmehr gestalt- und formlos, unendlich weit und leer. Doch wer kennt die alten Schriften oder hat gar selbst Zugang zu solchen Erfahrungen?

Im Patriarchat entwickelte sich die Sprache über Gott jedoch ausschließlich in der männlichen Form. Dem war nicht immer so. Zeugnisse aus einer anderen Zeit sind bei Ausgrabungen gefunden

---

13 Ebd., S. 165.

worden. So entdeckte ein israelischer Archäologe 1975 in einer Ruine in der Wüste Sinai Segenssprüche, in denen neben Jahwe der Name der Göttin Aschera stand. Ihr Sinnbild ist ein heiliger Baum! Inzwischen sind sich viele Fachleute einig, dass diese weibliche Gottheit als Partnerin Jahwes verehrt wurde.[14] Erst bei der Tempelreform im 7. Jahrhundert v. Chr. wurden ihr Bild und die ihrer Dienerinnen aus dem Tempel entfernt.

Mit den Göttinnengestalten ging auch das Wissen um die mütterliche Dimension der Gottheit immer mehr verloren. In der weiteren Erzähltradition erschuf Gott-Vater Himmel und Erde und schlussendlich auch den Menschen. Davon hören heute noch die Kinder im Unterricht und die Erwachsenen in den meisten christlichen Gottesdiensten. Schon vernehme ich die besänftigenden Stimmen, die erklären, dass mit dem Ansprechen von Gott als dem Vater der Beziehungsaspekt zwischen Gott und dem Menschen verdeutlicht werden soll. Er sei uns ebenso nah wie ein liebevoller Vater. Man könne also ebenso gut Gott-Mutter an die Stelle des Vater-Gottes setzen, halten mir die meisten priesterlichen Gesprächspartner entgegen. Die Gottesdienste beginnen jedoch trotzdem fast ausschließlich mit „Im Namen des Vaters, des Sohnes und des Heiligen Geistes". Sprache ist wirkmächtig, sie bestimmt unser Bewusstsein, unsere Weise, uns selbst und die Welt zu sehen, und schafft damit Realität.

Wen wundert's, dass die mythischen Ureltern in ihrer Beziehung scheitern mussten? Ihnen fehlte Gott-Mutter, die Repräsentantin der Weiblichkeit im Urbild. Damit blieb für Adam und Lilith der Zugang zur mütterlichen, nährenden Energie verschlossen. Beiden fehlten Kraft und Ausdauer zur partnerschaftlichen Auseinandersetzung. Lilith verließ Adam, flüchtete in die Wüste und ließ ihn allein im Paradiesgarten zurück.

Die jüdische Mystik ging noch einen Schritt weiter. Ihr zufolge brachte Lilith großes Unheil. Sie selbst soll es nämlich

---

14 Othmar Keel, *Gott weiblich*, S. 15.

gewesen sein, welche die Einheit des Gottesnamen trennte.[15] In der Folge – so die Erzählung – wurde die weibliche Seite Gottes heimatlos und mit ihr das jüdische Volk von seinem eigenen Boden ins Exil vertrieben. Zur Strafe wurde Lilith dazu verdammt, sich mit Dämonen, ja gar mit dem Teufel selbst einzulassen und Dämonenkinder zu gebären. Sie wiederum rächte sich fortan und stahl oder tötete Neugeborene aus der Welt von Eva.

Adam und Eva, seine Herzfrau

Die zweite Geschichte hat einen ganz anderen Verlauf. Spannenderweise ist sie älter als die Geschichte über die Schöpfung in sieben Tagen. Welche Überlegungen haben die Verantwortlichen wohl dazu gebracht, sich bei der Anordnung der biblischen Texte nicht am Alter der Schriften zu orientieren? Sollte die zweite Geschichte die Aussagen der ersten über die Erschaffung der ersten Frau etwa korrigieren? Und welche Auswirkungen hätte die veränderte Reihenfolge auf die Beziehung zwischen Mann und Frau und die Identität beziehungsweise das Selbstverständnis der Frau in der jüdischen und christlichen Entwicklungsgeschichte gehabt?

Die Autoren der zweiten Erzählung berichten, dass Gott den ersten Menschen nicht durch das Wort erschuf, sondern feuchten Ackerboden nahm, den Körper daraus formte und ihm danach seinen Lebensatem einhauchte. Erst indem Gott dem Erdklumpen seinen Geist einhaucht, wird Adam zum lebendigen Menschen, zum von Gott beseelten Körper. Bereits hier deutet sich eine Unterscheidung in der Wertigkeit an. Der Ackerboden ist, anders als der Mensch, der aus dieser Materie gewonnen wurde, nicht von Gottes Lebensatem erfüllt. Geist und Materie werden getrennt, wobei der Geist über der Materie zu stehen kommt.

---

15 Siegmund Hurwitz, *Lilith – Die erste Eva*, S. 174 f.

Außerdem fällt auf: Nachdem Gott Himmel und Erde gemacht hatte, erschuf er als Nächstes einen einzelnen „Erdling", den Mann. Gott selbst sah, dass dies nicht gut war und entschied sich, Adam eine entsprechende Hilfe zur Seite zu stellen. So schuf er den Paradiesgarten mit seinen Pflanzen und Tieren. Adams Aufgabe war, Pflanzen und Tieren einen Namen zu geben. Trotz all der Schönheit, Pracht und Machtfülle fand Adam niemanden, der oder die ihm entsprochen hätte. So erbarmte Gott sich Adams in seiner Einsamkeit und griff zu einem narkotisierenden Mittel und zu einer ganz besonderen Operation. Keine Organverpflanzung, nein, viel mehr. Gott öffnete Adams Brustkorb und schuf aus einer seiner Rippen eine Frau. An sich ein sehr schönes Bild. Die Rippen haben die Funktion, zentrale Organe im menschlichen Körper zu schützen: Lungen und Herz. Eva hat ihren Ursprung im Herzraum Adams. Sein Jubel ist verständlich. Wenn wir etwas aus der Tiefe unseres Herzens schaffen, dann ist uns Glück, ja, vielleicht sogar Glückseligkeit gewiss.

Die Begründung für Adams Jubel folgt jedoch einer anderen, verhängnisvollen Logik. Adam, der Erdling, gewinnt seine geschlechtsspezifische Differenzierung und wird zum Mann, *isch*, während die Frau *ischscha* heißen soll, „denn vom Isch, vom Mann, wurde sie genommen".[16] Endlich steht ihm eine Gehilfin zur Seite, die Fleisch von seinem Fleisch ist. Der Stoff, aus dem Eva gebildet wird, ist der Körper eines Mannes. Von diesem Mythos der Erschaffung des ersten Menschenpaares ist der Weg nicht mehr weit dahin, dass die Frau zum Besitztum des Mannes erklärt wird. Adams zweite Frau Eva kommt nicht umhin, ein ungleich anderes Selbstbild als Lilith auszubilden. Eva ist dienend, fürsorgend, unselbstständig, fügsam und in ihrer Identität primär auf den Mann hin orientiert.

16 *Bibel in gerechter Sprache*, S. 34.

Verhängnisvolle Begegnung

Einmal, so wird uns berichtet, büxte auch Eva aus, allerdings mit fatalen Folgen. Laut der talmudischen Mythologie war hier auch Lilith mit im Spiel. Lilith begegnete Eva am Baum der Erkenntnis, Lilith als Schlange und Eva als zweite Frau Adams. Dieses Motiv haben viele Künstler aufgenommen. Am berühmtesten ist wohl die Darstellung von Michelangelo in der Sixtinischen Kapelle (siehe Abb. 2 im Bildteil). Lilith, mit Schlangenleib und weiblichem Kopf, bietet Eva den Apfel an. Lässt man sich auf die mythologische Tiefendimension des Bildes ein, tauchen Fragen auf wie: Worüber haben die beiden dort wohl miteinander geredet? War es eine geschwisterliche, freundschaftliche Begegnung oder ein giftiges Gezänk zwischen zwei eifersüchtigen Frauen, die denselben Mann lieben? Rächte sich Lilith wohl an Eva und verführte sie, weil diese nun mit dem Mann lebte, der eigentlich der ihre war? Oder stachelte die eine die andere zum selbstbestimmten Nein gegen männliche Dominanz auf? Alles ist möglich. Jedenfalls hat diese Begegnung auch ein trauriges Nachspiel für die Beziehung beider Frauen zueinander. Sie haben sich für Jahrtausende aus den Augen verloren. Bis vor Kurzem lebten sie in zwei völlig verschiedenen Welten.

Lilith, die zum Ungehorsam gegenüber Gott verführte, wurde dämonisiert. Sie wurde ausgegrenzt und verteufelt. Noch immer lockt sie in der Dunkelheit durch ihre wilde, schöne und schillernde Persönlichkeit Männer und Frauen auf Abwege. Abwege, die, wie damals im Paradies, zu einer Bewusstseinserweiterung und -intensivierung führen können. Lilith ist dann in der Nähe, wenn Tabus gebrochen werden. Ganz ausgeschaltet konnten sie und ihre archetypischen Kräfte nie werden. Wie alles, was wir verdrängen, zeigt sich auch ihre Kraft von der destruktiven Seite. So lebt der Aspekt der Kindsmörderin auch in Frauen von heute weiter. Sie berichten von unerklärlichen, gewalttätigen Impulsen, ihr eigenes, lang ersehntes Kind töten zu wollen, oder dass sie nach der Geburt eine bodenlose Angst überfallen habe, nämlich, dass ihr Neugeborenes im Spital von einer anderen Frau geraubt werden könnte. Die Verfolgung der Lilith, der mit Dämonen vertrauten Hexe, zeichnete vor allem im Mittelalter eine unfassbar grausame Feuer-Blutspur. Gefoltert und getötet beziehungsweise geopfert wurden vorwiegend jene Frauen, die vertraut waren mit den Kräften der Natur und ihren Geheimnissen, jene Frauen, die nicht dem Typus der Eva-Frau entsprechen wollten oder konnten.

Eva hatte ein anderes Schicksal: Erstaunlicherweise erhielt sie erst ihren Namen, nachdem sie vom Baum der Erkenntnis gegessen hatte. In Genesis 3 ist es wieder Adam, der erneut, wie beim Benennen von Pflanzen und Tieren, Definitionsmacht innehat und seiner Frau den Namen gibt: „Eva, Mutter aller Lebendigen" (Gen 3, 20). Keine Frau kann diesen gewaltigen Auftrag erfüllen, ohne in Verbindung zu stehen mit einer Mutter-Gottheit, die sie in dieser Aufgabe unterstützt und ihr beisteht. Eva wurde zunächst Mutter von einigen Kindern, die sie als Strafe für den Ungehorsam, und nach ihr alle Frauen, unter großen Schmerzen gebar. Das Leiden an ihren Kindern nahm damit noch kein Ende. Wie schmerzlich muss es für eine Mutter sein, wenn einer ihrer Söhne den anderen tötet und der Mörder zur Strafe für immer gezeichnet wird? Ganz bestimmt wäre der Wettstreit zwischen den Brüdern um die Anerkennung Gottes anders ausgegangen, wenn neben dem gerechten, liebenden Vater-Gott eine mitfühlend-liebende Mutter-Göttin mit entschieden hätte. Die harte Hand des Vater-Gottes war bereits im Richtspruch nach dem Sündenfall zu spüren. Zur Schlange (Lilith) sprach er: „Feindschaft setzte ich zwischen dich und die Frau, zwischen deinen Nachwuchs und ihren Nachwuchs." (Gen 3, 15a)

Gott, der Herr, war es also selbst, der die Feindschaft zwischen Lilith und Eva bekräftigte. Zu ihr, der Frau, die zu der Zeit noch keinen Namen hatte, sprach er: „Viel Mühsal bereite ich dir, sooft du schwanger wirst. Unter Schmerzen gebierst du Kinder. Du hast Verlangen nach deinem Mann; er aber wird über dich herrschen." (Gen 3, 16) Mit diesem Urteilsspruch wird die Unterwerfung der Frau unter den Mann von Gott nochmals besiegelt und das patriarchale Rollenverständnis zwischen den Geschlechtern „göttlich" abgesegnet. Im Vergleich dazu fällt das Urteil über Adam eher milde aus. Er war ja auch nur „Opfer" zweier verführerischer Frauen. Es heißt: „So ist verflucht der Ackerboden deinetwegen (...) Im Schweiße deines Angesichts sollt du dein Brot essen, bis du zurückkehrst zum Ackerboden. Denn Staub bist du, zum Staub musst du zurück." (Gen 3, 17 und 19)

Doch wieder zu Eva: Sie entwickelte sich, nachdem sie Adam im Paradies verführt hatte, zu einer mütterlichen, dienenden und fürsorgenden Frauengestalt, in ihrer Identität allein auf den Mann ausgerichtet, ja, ihm untergeordnet. Eben Fleisch aus seinem Fleisch, nicht wie er aus dem Wort geboren oder aus demselben Ackerboden geformt. Eva ist die idealtypische Frauengestalt. Sie beherrschte und beherrscht das Frauenbild seit Jahrtausenden. Ihre positiven und negativen Seiten sind tief in uns eingegraben. Frauen, die dem Bild von Eva nicht entsprachen, hatten es in der Vergangenheit ungeheuer schwer, sie mussten viele innere wie äußere Konflikte bewältigen und sind nicht selten daran zerbrochen.

Aber auch Eva hat ihre Schattenseiten. Sie beherrscht die Kunst des Verführens ebenso wie Lilith, nur mit anderen Mitteln. So straft sie ihren Partner mit Verachtung, notorischer Kritik und liebloser Nörgelei. An Lilith rächt sie sich durch Verrat, Missachtung und Abwertung.

Die langen Schatten des Schöpfungsmythos

Bei der Aufarbeitung der Geschichten um Eva und Lilith habe ich eine unerwartete Erkenntnis gewonnen. Schon lange ist mir klar, dass die Geschichtsschreibung vorwiegend Männersache war und ist. Geschichte wurde von jenen Männern geschrieben, die aus Kriegen militärisch und wirtschaftlich als Sieger hervorgingen. Auch die Bibel und mit ihr die Anfänge der Menschheit sind von Männern geschrieben und gedeutet worden.

In der Beschäftigung mit den beiden Frauen Adams begann ich zum ersten Mal zu begreifen, wie sehr die mythischen Erzählungen vom Beginn der jüdisch-abendländischen Kulturgeschichte von einem heftigen Familiendrama geprägt sind: angefangen damit, dass die Mutter-Gottheit neben dem Vater-Gott verkümmerte und schlussendlich ganz ausgelöscht wurde. Dann hatte der erste Mann gleich zwei Frauen, was auf die Dauer meistens nicht gut ausgeht. Und um das Maß voll zu machen, findet zwischen den erstgeborenen Söhnen Evas der erste Brudermord statt.

Im Blick auf die Entwicklungsgeschichte der Menschheit wird deutlich, dass sich diese archaische Grundstruktur schon unzählige Male wiederholt hat. Bis vor Kurzem gab es noch kaum Frauen in wichtigen politischen und wirtschaftlichen Entscheidungsgremien. Auch der Neid und die Rivalitäten unter den Frauen um den „besten" Mann sind leider immer noch nicht transformiert.[17] (Männer werden hier kommentieren, dass es ihnen in diesem Punkt auch nicht besser geht.) Und der Brudermord hat sich auf Bürgerkriege, ja Kriege überhaupt ausgeweitet. In Israel/Palästina kämpfen beispielsweise die Nachkommen der beiden Frauen Abrahams, Sara und Hagar, seit Jahrzehnten mit ungleichen Waffen um ihr Lebens- und Freiheitsrecht auf diesem religiös äußerst aufgeladenen Boden. Und eine Lösung des Konflikts ist nicht in Sicht, trotz großer Anstrengungen von Friedensbewegten aus aller Welt. Es scheint, als ließe sich der Friede auch nicht durch immer wieder aufgenommene Verhandlungen herbeiführen. Doch was wäre, wenn eine bis in die Tiefe

---

17 Siehe dazu auch Aussagen von Frauen zum frauenspezifischen Beitrag zur globalen Kriegskultur in: Anna Gamma, Pia Gyger, Annette Kaiser, Sabine Lichtenfels, *Aufbruch – Frauen machen sich stark für eine Kultur des Friedens*, S. 15.

archaischer Bilder reichende Transformation stattfinden würde? Und damit meine ich:

- Wenn also Lilith aus der Verbannung und Dämonisierung befreit werden könnte und ihre lichtvollen Seiten anerkannt und integriert würden?
- Wenn Lilith und Eva sich in jeder Frau anfreunden und gemeinsame Sache machen würden?
- Wenn neben der Vater-Gottheit ganz selbstverständlich auch die Mutter-Gottheit angesprochen und verehrt würde?

Ob der Zickenkrieg zwischen Frauen dann ein Ende hätte und das Zusammenleben zwischen Stämmen, Völkern und Nationen friedlicher werden würde? Wer kann es wissen? Eines ist jedoch gewiss: Patriarchale Systeme, die tendenziell frauenverachtend und in denen die Ausbeutung von Menschen und Erde selbstverständlich sind, hätten keine Zukunft mehr. Das weibliche Prinzip würde an Gewicht gewinnen. In der Folge könnten Partnerschaftlichkeit, Gleichwertigkeit und Ebenbürtigkeit struktur- und kulturbestimmend wirksam werden.

Wiedersehen nach Jahrtausenden

Eva und Lilith leben in jeder Frau. Die Pubertät und das junge Erwachsenenalter sind die Zeiten von Lilith. Eva gewinnt dann an Bedeutung, wenn der Kinderwunsch in den Vordergrund der Lebensplanung rückt. Noch immer verabschieden sich Frauen wegen der Kindererziehung aus dem Berufsleben. Dann hat Lilith für eine bestimmte Zeit ausgedient. Dabei helfen auch die Hormone mit. Aus der attraktiven, eigenständigen und vom selbst verdienten Geld lebenden Frau wird eine fürsorgende Mutter und eine primär dienende Frau, die dem Mann den Rücken freihält. Diese bis vor Kurzem noch vorherrschende Rollenverteilung ist in unserem Kulturraum am Aufbrechen. Auch wenn die Mutterschaft

Evas Aufkommen begünstigt, stehen keineswegs alle berufstätigen Frauen im Zeichen von Lilith. Eva ist in den Frauen ebenso stark ausgeprägt, die in der Arbeitswelt mehrheitlich in dienenden Funktionen Erfüllung finden.

Lilith taucht seit einiger Zeit als Seelenbild in vielen Frauen auf; sie beunruhigt, drängt nach eigenständigen Lebensentwürfen und nach gleichberechtigter Partnerschaft von Frau und Mann. Wer ihr nicht folgt, wird unglücklich und irgendwie unzufrieden. Liliths positive Seiten werden durch die jüngsten Lilith-Forschungen wieder aufgenommen und neu belebt. Antonia Langsdorf beschreibt sie so:

> „Lilith ist die Verbindung mit den Kräften der urigen, weiblichen Göttinnen: der Kraft zu gebären, dem geheimen Wissen der Frauen um Leben und Tod, dem Weg der Initiation, der Ursprünglichkeit der Natur. Ihre Themen sind Blut, Geburt, Tod, Tabu, Sexualität, dämonische Kräfte, Furchtlosigkeit, Rebellion und der Kampf der Gerechtigkeit. Ihre Handlungen sind radikal und kompromisslos. Das macht sie furchteinflößend und unbequem.“[18]

In Gesprächen mit vielen Frauen habe ich entdeckt, dass die jahrtausendlange Trennung zwischen Lilith und Eva leidvoll erfahren wird. Hin- und hergerissen zwischen mütterlich-fürsorgendem Dasein für Partner, Kinder und Chefs und unabhängigem, selbstbestimmtem Lebensentwurf wogt der innere Kampf. Heute steht an, dass sich die beiden Frauen, Lilith und Eva, wieder begegnen, sich schwesterlich verbinden und sich in ihrem unterschiedlichen Potenzial anerkennen. Der Ort der kollegialen Begegnung wartet in der Seele jeder Frau. Dort, in diesem sakralen Raum, kann die Verbindung zwischen den zwei gegensätzlichen Strebungen in uns Frauen aufblühen, sodass uns die Stärken von Lilith und Eva ganz selbstverständlich zur Verfügung stehen. Dies sind die angenehmen Auswirkungen eines einzigartigen

---

18 Antonia Langsdorf, *Lilith – Die Weisheit der ungezähmten Frau*, S. 37.

Wiedersehens. Frauen berichten auch, dass sie in der Begegnung mit Lilith und Eva mit dem kollektiven Schmerzkörper der Frauen in Berührung kommen. Dann tauchen schmerzliche Erinnerungen an den Missbrauch und die Entwürdigung von Frauen in vergangenen Zeiten auf. Beim Blick in die heutige Weltsituation zeigt sich, dass die gewaltvolle Leidensgeschichte der Frauen im Patriarchat noch immer kein Ende gefunden hat. Im Frühjahr 2014 wurde zum Beispiel in den Nachrichten mitgeteilt, dass in Brunei die Todesstrafe durch Steinigung wieder eingeführt worden sei und dass insbesondere Frauen davon betroffen sind.

Deshalb sehe ich es als eine Aufgabe von Frauen, die wie wir in privilegierten Umständen leben, dass wir uns um die Annäherung zwischen Lilith und Eva besonders bemühen. Damit dies gelingen kann, ist es aus meiner Sicht notwendig, dass wir lernen, Lilith in einem neuen Licht zu sehen. Wir müssen sie aus der Vergessenheit herausholen, ihr Raum geben und die Angst vor ihrer Wildheit und Schönheit verlieren. Darf Lilith wieder als Schwester unter uns leben, dann wird sich auch Eva wandeln. Sie wird an Tiefe und Lebendigkeit gewinnen.

Frauen berichten, dass sie sehr wohl einen guten Zugang zu den beiden Urfrauen Lilith und Eva in ihrem Inneren haben. Sie leiden vor allem an den äußeren Rahmenbedingungen, die nicht zulassen, dass Lilith den nötigen Entfaltungsraum erhält, wenn beispielsweise der Partner selbst oder die Firma des Partners nicht bereit sind, seinen Vollzeitjob zu reduzieren. Ihre Aufgabe ist es dann, als Lilith-Eva Adam dafür zu gewinnen, gleichberechtigt die Aufgaben bei der Kindererziehung und im Haushalt zu teilen. Obwohl ich sehe, dass dies ein wichtiges Anliegen ist, werde ich diese Spur hier nicht weiter verfolgen, sondern wende mich erneut der Wiederentdeckung von Lilith zu. Für zu viele steht dieser Schritt erst noch an.

Eine Verkörperung der Lilith lernen wir im nächsten Kapitel kennen – die Wolfsfrau. Die Wolfsfrau ist nicht nur wild und mit den Kräften der Natur vertraut, sie kennt auch das Geheimnis von

Geburt und Tod und ist eine große Heilerin. Sie kann uns Frauen helfen, nicht nur die eigenen Wunden zu heilen, sondern auch die Verletzungen der Frauen im Patriarchat, ohne dass wir in Schuldzuweisungen stecken bleiben müssen.

Übungen

Begegnung mit Lilith und Eva

Die folgenden Fragen und Anregungen unterstützen die persönliche Standortbestimmung und klären die Stellung von Lilith und Eva im eigenen Leben.

1. Welche Frauengestalten verkörperten Lilith?
   Was hat dich an ihnen fasziniert?

2. Welche „Lilith-Persönlichkeiten" aus dem öffentlichen Leben fallen dir ein?

3. Welche Frauengestalten verkörperten Eva?
   Was hat dich an diesen Frauen fasziniert?

4. Welche „Eva-Persönlichkeiten" aus dem öffentlichen Leben fallen dir ein?

5. Suche nach den Spuren von Eva und Lilith in deinem Leben, in deinen Träumen, in deinen Gedanken und Gefühlen.

6. Male Bilder dazu, wie du Eva und Lilith erlebst und siehst. Öffne dich in diesem Tun für die Schönheit und Kraft dieser Urmütter.

7. Fragen zur Erforschung von Eva in deinen Beziehungen zu Mitmenschen und in der Beziehung zu dir selbst:

- In welchen Beziehungen und Beziehungskonstellationen lebst du vorwiegend die mütterliche, fürsorgende Seite?

- In welchen Phasen deines Lebens stand Eva im Vordergrund? Wie hat sich dies gezeigt? Wie hast du dich erlebt?

- Wann und wo bist du im Hintergrund geblieben, hast anderen mit deinen Leistungen gedient? Wie ist es dir dabei gegangen?

- Kennst du Ereignisse in deinem Leben, in denen das Dienen in Frustration kippte und du angefangen hast, über jene Menschen zu lästern, denen du gedient hast? Wie hast du es geschafft, aus diesem Teufelskreis herauszukommen? Was und wer hat dir dabei geholfen?

- Gibt es Entscheidungen in deinem Leben, die du aus Über-Verantwortung hinausgezögert hast, nach dem Motto: Ich kann dies doch den anderen nicht zumuten?

- Gibt es Entscheidungen in deinem Leben, die dir aufgrund diffuser Schuldgefühle schwergefallen sind und an denen dich diese Stimme hinderte: „Ich kann sie doch nicht im Stich lassen!"

8. Fragen zur Erforschung von Lilith in deinen Beziehungen zu Mitmenschen und in der Beziehung zu dir selbst:

   - Kennst du Phasen in deinem Leben, in denen Lilith im Vordergrund stand? Was ist konkret geschehen?

   - Wie meldete sich in dir Lilith, die wilde Frau, die sich wenig um Sitte und Anstand schert, Tabus bricht und nach Unabhängigkeit und Selbstbestimmung strebt? Wie bist du mit diesen Impulsen umgegangen?

- Hörst du deine innere Stimme, die dich eigene Wege gehen lässt? Wie gehst du mit diesen Ideen um?

- Wie antwortest du auf die Einladung, dich auf die verborgenen Kräfte der Natur in dir und in der Mitwelt einzulassen? Welche Erfahrungen machst du damit?

- Wie sah dein Lebenstraum aus? Was wolltest du einmal werden? Was ist aus diesen Lebenszielen geworden?

- Wer und was haben dir geholfen, Schritte in die Freiheit zu tun?

- Was würdest du tun, wenn du wüsstest, dass du nur noch wenige Monate zu leben hast?

9. Gibt es Eva-Lilith-Konflikte in deinem Leben? Wie hast du sie gemeistert?

Wiedersehen nach Jahrtausenden

Diese meditative Übung fördert die Freundschaft zwischen Lilith und Eva in dir.

1. Setz dich an einen schönen Ort, wo du für die Zeit der Meditation nicht gestört wirst.

2. Lade nun Lilith ein, sich rechts von dir hinzusetzen. Wenn du ihre Anwesenheit wahrnimmst, lade Eva ein, links von dir Platz zu nehmen.

3. Bleib im stillen Gewahrsein der Präsenz dieser beiden Frauengestalten.

4. Bevor du die Meditation beendest, bedanke dich bei Lilith und Eva für ihre Gegenwart.

Tausche dich mit Freundinnen über deine Erfahrungen aus.

DIE WOLFSFRAU –
wenn Totes
wieder lebendig
wird

Es war einmal …

Mit dem Märchen von der Wolfsfrau, die über den toten Knochen singt und sie dadurch zum Leben erweckt, lebe ich bereits seit über zwanzig Jahren. Die Wolfsfrau, La Loba, hat mir geholfen, mich selbst anzunehmen trotz persönlicher Unzulänglichkeiten, Lieblosigkeit mir und anderen gegenüber und hartnäckiger Verstrickungen. In der Verbindung mit ihr konnte ich schmerzliche Erinnerungen, auch die Erfahrung eigener Schuld, leichter zulassen. La Loba lehrt uns, unsere Schattenseiten anzunehmen, doch auf der Schwelle ins Dunkle nicht stehen zu bleiben, sondern in die Dunkelheit des eigenen Lebens Lieder anzustimmen. Später habe ich auch begonnen, in die Schatten des menschlichen Kollektivs spirituelle Lieder zu singen, um das dort verschüttete Licht wieder zum Leuchten zu bringen.

Die Wolfsfrau verkörpert ein archetypisches Seelenbild, das nicht nur in Frauen wach werden kann. Ich kenne auch Männer, die diese Frau in ihrer Seele mit großem Gewinn für ihr Leben entdeckt und integriert haben. Für die Jung'sche Analytikerin Clarissa Pinkola Estés verkörpert die Wolfsfrau den Archetyp der wilden Frau. In ihrem berühmt gewordenen Buch „Die Wolfsfrau" beschreibt die Autorin sie wie folgt:

> „Man kann ‚Instinktnatur' oder ‚Naturseele' dazu sagen. Man kann die Wilde Frau als die angeborene Wesensnatur der Frau bezeichnen oder poetisch als ‚Das andere Ich', ‚das Ozeanische', meine ‚Große Freundin' (…) Aber da sie unterschwellig existiert und vorausahnend und vom Bauch her intelligent ist, wird sie von den *Cantadoras*, den Geschichtenerzählern dieser Welt, die Große Weise, die Wissende, die Urfrau genannt. Und immer ist sie lebenspendende Schöpferin und hexenhafte Zerstörerin in einem; eine Göttin des

Todes und des Lebens zugleich; Ratgeberin und Schutzgeist aller, die eine Lektion lernen und ein lebenswichtiges Rätsel lösen müssen. Sie begleitet die Verirrten, die Außenseiter und einsamen Wolfsfrauen, die draußen im Wald, im Dunkeln oder in irgendwelchen Einöden und Wüsten nach einem Stück Wahrheit suchen. Sie beschattet solche Leute und vermittelt ihnen ein geheimes Wissen über das Werden, Vergehen und Neuwerden aller Dinge."[19]

Das Märchen von der Wolfsfrau stammt aus der Erzähltradition eines ganz besonderen Stammes, des Knochenvolkes. Diese Menschen haben die spezielle Gabe, die Knochen toter Menschen und Tiere wieder zum Leben zu erwecken. Pinkola Estés hat die Geschichte in ihrem Buch an den Anfang der Seelenreise von Frauen gestellt. Sie beginnt so:

„ES GIBT EINE ALTE FRAU, die an einem verborgenen Ort lebt, den alle kennen, der aber nur wenigen Menschen zugänglich ist. Die Alte sieht wüst aus und wird oft als über und über behaart und ziemlich fettleibig beschrieben. Aber wer weiß – sie meidet meist die Gesellschaft der Menschen und entzieht sich ihren Blicken. Es heißt, dass sie in einer Berghöhle zwischen den Steilhängen des Tarahumara-Indianerreservats haust, andere behaupten, sie am Rande des Highway bei El Paso (USA; Anm. d. Autorin) gesehen zu haben, und wieder andere, sie sei in einem verbeulten Lastwagen mit zerschossenem Rückfenster in der Nähe von Oaxaca (Mexico; Anm. d. Autorin) Richtung Süden gefahren.

Die Alte hat viele Namen: La Huesera, die Knochenfrau, La Trapera, die Fängerin, aber vor allem wird sie La Loba genannt, die Wolfsfrau. Sie kriecht tief gebückt durch die Arroyos, die ausgetrockneten Flussbetten, und klettert über die Bergkämme, dabei sucht sie unter jedem Strauch und Stein nach Bärenknochen, Krähenleichen, Schlangenhäuten, aber ganz speziell

19 Clarissa Pinkola Estés, *Die Wolfsfrau*, S. 17 f.

sucht sie nach den Gebeinen toter Wölfe, denn den Wölfen gilt ihre tiefste Liebe. Und wenn sie ein vollständiges Skelett zusammengetragen hat, wenn auch der letzte Rückenwirbel sich am rechten Platz befindet und das Wolfsgerippe schön säuberlich geordnet vor ihr im harten Wüstensand liegt, dann lässt sie ihre faltigen Hände darüber schweben und singt. Mit erhobenen Armen steht sie über dem Wolfsgebein und lässt den Gesang ertönen, der ihr für diese Kreatur, ganz allein für diese eine, eingegeben wird. Und dann dauert es nicht mehr lange, bis eine Spur von Fleisch über den Knochen sichtbar wird, bis eine Spur von Haut und Fell das Fleisch überzieht. La Loba singt, und die Kreatur unter ihr nimmt zusehends Gestalt an. Jetzt beginnt der Schwanz zu zucken, und nun wird er buschig und peitscht den Sand schon vor Ungeduld.

La Loba singt weiter, inbrünstig weiter, bis der Wolf zu atmen beginnt. Lauter und tiefer wird ihr Gesang, so tief, dass die Bergwände zittern, und während sie noch so herrlich singt, öffnet der Wolf seine gelben Augen, springt auf und rast durch den Canyon davon. Auf und davon. Nur wer Augen hat, die das Geschöpf bis zum fernen Horizont verfolgen können, sieht, dass er sich von einem Moment zum anderen wieder verwandelt und die Gestalt einer Frau annimmt – einer Frau, die sich laut auflachend schüttelt und hinter dem Horizont verschwindet.

Deshalb sagt man, dass du Glück haben kannst, wenn du allein in der Wüste herumläufst und dir ein wenig verloren vorkommst und womöglich schon todmüde bist – denn wer weiß? – Vielleicht findet die alte Lobafrau Gefallen an dir und zeigt dir etwas vom Leben der Seele.“[20]

La Loba, die Wolfsfrau, gehört zu den Schwestern Liliths. Wie diese lebt sie im Verborgenen. Nur selten wird sie von Menschen bewusst wahrgenommen. Sie ist eine Schattenfrau, ist hässlich

---

20 Ebd., S. 31 f.

und menschenscheu und trotzdem geht sie furchtlos ihrer Wege. Selbstbewusst lebt sie jenseits des Jugendwahns und des vorherrschenden Schönheitsideals. Sie ist Hüterin einer anderen Schönheit, einer Schönheit, die von innen kommt und auch dann immer noch strahlend wirkt, wenn der Körper längst alt und gebrechlich geworden ist. Wie Lilith lebt La Loba allein, ohne Familie und Partner. Und doch schenkt sie Leben und dies auf eine ganz besondere Weise.

Es lohnt sich, in unserem Zusammenhang einen kurzen Blick auf ihre verschiedenen Namen zu werfen, denn Namen sind Wegweiser; sie zeigen, welches Lebensprogramm diese Frau – und mit ihr wir alle – in der Tiefe tragen.

La Lobas Namen

Ihr Name *La Huesera*, die Knochenfrau, spielt auf die Knochen an, die verborgen im Körperinneren liegen und dem Körper Struktur, Form und inneren Halt geben. Knochen sind der Erde zugeordnet, auch sie gibt dem Menschen den nötigen Halt. Die Knochen von Tieren werden meist weggeworfen oder verbrannt. Sie gelten als nutzlos, kaum verwertbar. Und genau hier setzt die Knochenfrau einen anderen Akzent, sie schwimmt sozusagen gegen den Strom der öffentlichen Meinung, geht unbeirrt, eben furchtlos, ihren ganz eigenen Weg. Sie sucht das vermeintlich Unbrauchbare, Verworfene, weil sie gerade darin ein großes Potenzial entdeckt. Die Knochenfrau hat ihren Gegenpart im Knochenmann; und dies ist ein anderer Name für den Tod. Sein Werkzeug ist die Sense, mit der er die Ernte einbringt. Anders die Knochenfrau; sie steht für das Leben, denn sie sammelt Totes, Unlebendiges und singt es ins Leben zurück. Und noch etwas charakterisiert die Knochenfrau. Sie ordnet die gesammelten Knochen säuberlich, will heißen, sie geht achtsam und liebevoll mit weggeworfenen, scheinbar wertlosen Dingen um. Und, was nicht weniger bedeutsam ist, sie bewegt sich furchtlos im Schattenreich. Sie hat Augen und fühlende Hände, die in der Dunkelheit alles ganz genau erkennen. So ist La Huesera die Hüterin der ersten Phase eines Transformationsprozesses. Wer sich auf einen tief greifenden Wandlungsprozess einlässt, weiß, dass ein *mutiges Erkennen dessen, was ist*, einen wesentlichen ersten Schritt bedeutet. Der Beistand von La Huesera kann uns dabei gewiss sein.

La Trapera ist Sammlerin von Lumpen und alten Kleidern. Früher gab es sie in unserem Dorf, die Lumpensammler. Sie sind längst nicht mehr. Heute werden die abgetragenen Kleider oft weggeworfen, sie sind für nichts mehr zu gebrauchen. Nur die noch gut verwertbaren Sachen kommen in den Sammelcontainer, der neben den Behältern für Altpapier und Glas steht.[21] Wer findet in unseren Kreisen heute noch in alten Kleidern so etwas wie Schätze? Es ist La Trapera. Sie weiß um die verborgene Schönheit in Lumpen, also im Verbrauchten und Abgetragenen. Aber wer kennt anderseits nicht dieses etwas verschrobene Verhalten: Im Schrank hängen Kleider, die in die Jahre gekommen sind, und doch möchten wir die ausgebeulten Hosen und fadenscheinigen oder sogar löchrigen Pullover nicht weggeben. Sie sind uns lieb geworden, wie zur zweiten Haut. Denn mit ihnen verbinden sich Erinnerungen, ein Stück unserer Identität. Darum fällt es uns so schwer, diese „Schätzchen" wegzugeben.

La Trapera sammelt auch Lumpen aus dem Leben: seelische Verletzungen, Verstrickungen, Scham und Schuld. Entscheidend ist, dass sie diese Lebenslumpen nicht entsorgt, im Gegenteil, sie sagt voll und ganz Ja dazu, trägt sie mit sich wie kostbare Schmuckstücke. Wer wie La Trapera Schatten im eigenen Leben annehmen kann, dem gelingt der zweite Schritt des Transformationsprozesses: *Nur das, was wir als zu uns gehörig annehmen, kann gewandelt werden.* La Trapera, die Lumpensammlerin, steht uns

---

21 Ich werde hier nicht auf die verhängnisvollen Auswirkungen eingehen, die unsere „Altkleider" haben können, wenn sie in sogenannte Entwicklungsländer geschickt werden. Das wäre ein Thema für sich.

zur Seite, wenn unsere Schattenseiten für uns kaum annehmbar sind. Sie lächelt uns zu, denn sie weiß, dass in Lumpen, die in unseren Augen nicht nur unnütz, sondern auch verwerflich scheinen, ungeahnte Schätze verborgen sind.

Der bedeutendste Name für die Wilde Frau ist jedoch *La Loba*, die Wolfsfrau. In Märchen finden wir Wölfe, aber auch ganz real auf den Berghöhen der Alpen, und immer häufiger auch in bergnahen Dörfern; und sie kommen da nicht gut weg. Sie werden als Bösewichte gebrandmarkt, werden gejagt und getötet. Ganz anders verhält sich da die Wolfsfrau. Warum sie Wölfe besonders liebt, wird im Märchen nicht erzählt. Ist es, weil die Wölfe etwas leben, was wir Menschen nicht besitzen, nämlich die vor dem sicheren Tod bewahrende Beißhemmung? Wölfe leben in Rudeln mit einer klaren sozialen Rangordnung. Wenn diese in Frage steht, wird hart, aber nicht bis zum Tod gekämpft. Es gibt die sogenannte Demutsgebärde: Der Schwächere bietet dem Gegner seine verletzlichste Körperstelle am Hals dar. Anders als bei uns Menschen löst diese Demutsgebärde eine Hemmung des tödlichen Bisses bei dem überlegenen Tier aus. Das ist so, denn Wölfe brauchen einander, um in der Wildnis zu überleben.

Auch wir Menschen sind aufeinander angewiesen. Wir brauchen einander, um wachsen und reifen zu können. Eigene und insbesondere kollektive Dunkelheit können wir nur annehmen und (er-)tragen, wenn wir wissen, dass wir trotz dieser Fehler, Schwachheit und Schuld geliebt und angenommen sind. In unserer Zeit wagen viele Menschen nicht mehr, sich tief genug zu binden, aus Angst, Freiheit und Eigenständigkeit zu verlieren. Diese Menschen haben den Kontakt zu La Loba verloren. Denn wirkliche Freiheit ist immer nur Freiheit *für* etwas. Solange wir Freiheit suchen, indem wir frei *von* etwas werden wollen, bleiben unsere Energien in der Abgrenzung gebunden. Je tiefer wir in die Geheimnisse des Lebens eintauchen, umso häufiger kommen uns Paradoxien entgegen, und so ist auch hier. *Wirklich freie Menschen werden wir nur durch verbindliche Bindungen, in denen wir auch für die Freiheit des Partners oder der Partnerin einstehen.* Diese Weisheit, die sie durch die Liebe zu den Wölfen erworben hat, lehrt uns La Loba.

Wenn die jungen Wölfe alt genug geworden sind, verlassen sie das elterliche Rudel und suchen Gefährten, bis sie selbst so viel Erfahrung gesammelt haben, dass sie Verantwortung übernehmen können und zum Ältesten eines Rudels werden. Wölfe zeichnet noch etwas aus: Sie sind Meister im Fährtenfinden, und sie kommunizieren über große Distanzen miteinander in ihrem ganz eigenen Wolfsgeheul.

All das macht sie für La Loba so liebenswert, dass sie ihre verstreuten Knochen sammelt, diese mit großer Achtsamkeit liebevoll zusammensetzt und darüber nicht das Klagelied anstimmt, sondern das Lied, das Leben bringt. So heißt das Lebensprogramm der Wolfsfrau: Liebe zur Wildheit der Natur in und um uns, sorgsame Achtsamkeit für die kleinen, vermeintlich wertlosen Dinge und Gesang, der zum Leben erweckt.

Knochengeschichten

Wenn wir nach den verlorenen Knochen der Frauen im Patriarchat fragen, so kann man leicht der Versuchung erliegen, ein Klagelied anzustimmen über die Leiden, die Männer Frauen zugefügt haben und immer noch zufügen. Darüber sind bereits zahlreiche Bücher geschrieben worden. Hier geht es jedoch um etwas ganz anderes. Es geht um das Leiden der Frauen an Frauen im Patriarchat und um die Frage, wie sich Knochen, Lumpen und Wolf in der Geschichte der Beziehungen von Frauen untereinander im Patriarchat und in der Spaltung zwischen Lilith und Eva spiegeln. Mit der Knochenfrau sind wir eingeladen, einen mutigen Blick zu wagen und tiefer, ja bis in die Knochen zu sehen und buchstäblich Knochenarbeit zu leisten. An dieser Arbeit kommt niemand vorbei, die oder der nach der komplexen Tiefenstruktur der Frau forscht.

Das bereits erwähnte Buch „Das Schwarzmond-Tabu" von Jutta Voss las ich mit großem Interesse und konnte es kaum weglegen, so sehr zogen mich ihre eigenwilligen Gedankengänge zur Entwicklung der weiblichen Identität von den matriarchalen Mythen bis heute in ihren Bann. Ich erinnere mich noch sehr gut an die Erschütterung über ihren Bericht, dass die etwa acht Millionen im Mittelalter ermordeten Frauen nicht nur Opfer von grausamen, Frauen verachtenden Männern waren, sondern dass viele von ihnen auch von Frauen denunziert wurden. Welch trauriger Höhepunkt in der Feindschaft der Nachkommen von Lilith und Eva! Ich konnte es kaum glauben, und doch schien mir die Tatsache irgendwie nicht fremd, was mich damals noch mehr verwirrte. Erst durch die Beschäftigung mit dem Konflikt zwischen Lilith und Eva fand ich einen möglichen Zugang zu jener erschütternden Zeit. Und ein Erlebnis besonderer Art öffnete mich für das Leiden der Frauen aus jener Zeit.

Susanna Wartenweiler, eine besondere Frau und Freundin, lud mich auf einen Frauenweg ins Bergell ein, einem Tal im Schweizer Kanton Graubünden. Auf den Spuren der Frauen führte sie mich erst zu einer Richtstätte, auf der auch Frauen auf einem Scheiterhaufen verbrannt worden waren. Anschließend zeigte sie mir eine zauberhafte Kapelle, die erfüllt vom Geist Maria Magdalenas war. Und zum Abschluss streiften wir durch einen Kastanienwald, bis wir in einen Bereich kamen, in dem die jungfräuliche Präsenz von weiblicher Erdkraft fühl- und greifbar ist. Die Richtstätte lag etwas außerhalb eines Dorfes. Susanna ließ mich den Ort allein betreten, der inzwischen schön gestaltet und offenbar für Touristen hergerichtet ist. Die Atmosphäre ist jedoch gleichwohl düster geblieben. Mit Respekt betrat ich die Wiese. Als ich zu einer Baumgruppe kam, brach ein lauter, zorniger Schrei aus mir heraus, der mich wie durch ein Zeitfenster in jene Zeit zurückkatapultierte. Die Bilder standen erst ganz lebendig vor mir, dann wurde ich plötzlich selbst Teil des Geschehens. Ich stand auf dem brennenden Scheiterhaufen, neben mir andere todgeweihte

Frauen. Das lodernde Feuer kroch an unseren Kleidern empor. Vor dem Feuer sah ich die Männer stehen. Zu meinem Erstaunen empfand ich Mitgefühl, nicht nur für die Frauen neben mir, sondern auch für die Männer. Sie schienen irgendwie unglücklich zu sein, als wären sie im Begriff, gerade etwas Kostbares zu verlieren. Je länger die Szene dauerte, desto mehr veränderte sich der Gesichtsausdruck der Männer. In die Trauer mischte sich Zorn und Wut. Ich konnte mir lebhaft vorstellen, was geschah, wenn sie nach Hause kamen, wo die „braven" Ehefrauen warteten. Ungehemmt würden sie ihre Aggression mit roher Gewalt abreagieren. Und damit schloss sich ein Teufelskreis, die Feindschaft zwischen Frauen verbunden mit dem endlosen Geschlechterkampf.

Die Eifersucht und der Neid unter Frauen sind heute selten tödlich, grausame Auswirkungen haben sie jedoch immer noch. Sollen Lilith und Eva wieder zueinanderfinden, dann haben wir hier nicht nur Trauerarbeit zu leisten, sondern auch gegenseitige Schuld aufzuarbeiten. Wir haben zu lernen, Schuld anzuerkennen, um Vergebung zu bitten und uns und den anderen Frauen zu verzeihen.

Eine junge Schweizerin, die ihrer Liebe gefolgt ist und nun mit ihrem Mann auf dem Balkan lebt, schrieb mir, nachdem sie das Exposé zu diesem Buch gelesen hatte, einen erschütternden Bericht, der die Gewalt von Frauen an Frauen im Patriarchat schonungslos offenlegt:

> „In meinem Leben hier in einer nach wie vor patriarchal geprägten Umgebung bin ich zum selben Schluss gekommen, was die Verantwortung der Frau für das Patriarchat angeht. Ich ginge sogar noch weiter. Jeder Patriarch wurde von einer Frau erzogen, von einer Frau dazu erzogen, seine Partnerin zu verachten, der Mutter aber treu ergeben zu sein. In dieser Verschiebung der Beziehung liegt meines Erachtens der Motor, der Grund, dass das Patriarchat sich nicht transformiert. Die Schwiegertochter ist das unterste Glied

im Familienverband, Sklavin der Schwiegermutter. Diese beherrscht und lenkt nicht ihren Mann, aber ihren Sohn. Sobald dieser selbst Familienoberhaupt wird und den Vater als Familienoberhaupt ablöst, hat die Stunde der (Königin-) Mutter geschlagen. Das Leiden, das ihr ihre Schwiegermutter, direkt oder über ihren Mann, zugefügt hat, rächt sie nun in der Erniedrigung ihrer eignen Schwiegertochter wiederum direkt oder durch ihren Sohn. So liegt in meinem momentanen Verständnis die Grundgewalt im Patriarchat sogar in der Gewalt von Frauen gegen Frauen, auch wenn ein Teil davon von Männern ausgeführt wird. Unvergessen sind mir die Erzählungen meiner Nachbarin, einer dreiundachtzigjährigen Frau, über die Gewaltexzesse ihres Mannes, die dann am schlimmsten waren, wenn er von der Mutter zurückkam. Sie hatte ihm jeweils Alkohol gegeben und ihn nach Hause geschickt, um endlich die Kontrolle über seine Frau zu übernehmen. Daraufhin hat er sie jeweils halb totgeschlagen. Sie hat ihn nicht verlassen – weil sie keine Alternative sah. Und weil sich die beiden dennoch/einmal liebten? (…)

Diese immer gleichen Situationen werden immer wieder von Neuem identisch kreiert – nach dem Motto ‚so ist das Eheleben halt‘. Unglaublich. Erschreckend. Mächtig …"

Eine Frau, die so mutig hinschaut und gegen den Strom der Tradition zu schwimmen vermag, lebt aus dem Energiefeld von Lilith, der Wilden Frau. La Huesera, die Knochenfrau, lädt uns Frauen ein, hinzusehen, wenn wir Gefühle der Eifersucht und des Neides in uns und um uns entdecken. La Trapera nimmt diese destruktiven Impulse an und (er-)trägt sie. Wir sind nicht dazu verurteilt, diese negativen Gefühle auszuagieren. Es ist möglich, sie zu transformieren. Davon weiß die Wolfsfrau.

Gesang der Wolfsfrau

Haben Sie schon einmal einen Gesang angestimmt, der Ihnen eingegeben wurde, ein Lied, das aus dem Innern kam? Niemand hat die Wolfsfrau je sprechen hören, doch ihr Gesang klingt in den Seelen aller Frauen, bei einigen noch verborgen oder verschüttet. Er lässt sich jedoch finden in der Stille und Dunkelheit. Wir brauchen dazu nicht eine wirkliche Wüste aufzusuchen. Wüstenlandschaften finden wir auch inmitten von Großstädten, in unseren Häusern und Wohnungen. Stille und Dunkelheit unterstützen den Findungsprozess, das Vertrauen in die lebenspendende Stimme in jeder Frau.

Vor einigen Jahren, als mich die weiter vorne schon beschriebenen Schmerzen im Becken plagten, redete ich mich zusätzlich noch in einem Workshop mit mehrheitlich männlichen jungen Führungskräften dermaßen in eine Heiserkeit hinein, dass ich anschließend für ein paar Tage nicht mehr sprechen durfte. Eine Spur von Heiserkeit blieb zurück, die sich immer dann verstärkte, wenn ich in Vorträgen in den hintersten Reihen nicht mehr gehört wurde und deshalb lauter zu sprechen begann. Ich musste etwas für meine Stimme tun; so konnte es auf die Dauer nicht weitergehen. Ich suchte also endlich einen Stimmtherapeuten auf. Die erste Stunde bei ihm erschütterte mich aus verschiedenen Gründen. Erst einmal machte er mich darauf aufmerksam, dass die Stimme ein wichtiges Kommunikationsinstrument ist und nonverbale Botschaften vermittelt, die oft länger hängen bleiben als die konkreten Inhalte und Informationen. Das Sprichwort bringt es auf den Punkt: „Der Ton macht die Musik." Mein Lehrer deutete auch an, dass die Arbeit mit der Stimme ein spiritueller Weg sei. La Loba hat sich darüber gefreut. Der Körper ist das kostbarste und herrlichste Musikinstrument, das wir besitzen.

Und auf noch etwas hat mich der Stimmexperte zu meinem großen Erstaunen hingewiesen: Dem Klang meiner Stimme entnehme er, dass ich meine Stimmbänder kontrolliere. Wie konnte ich etwas kontrollieren, das außerhalb meines Bewusstseins lag? Doch er hatte recht. Als ich mit seiner Hilfe lernte, die Verspannungen in meinem Kehlkopf loszulassen, entspannte sich der ganze Körper. Ich hatte den Eindruck, ich würde um Jahre jünger – und meine Stimme wurde heller und klarer.

Im Märchen hören wir, dass die Wolfsfrau über dem fein säuberlich zusammengesetzten Skelett eines Tieres ein Lied anstimmt, das ihr eingegeben wird und nur für diese eine Kreatur bestimmt ist. Erst singt sie leise und zart, bis sich das Leben regt, doch danach wird ihr Gesang stark, tief und gewaltig, sodass die Bergwände erzittern. La Lobas Gesang ist durchdrungen von der Kraft der Auferstehung. Totes wird wieder lebendig, und im Übergang von der Nacht in den Tag, von der Dunkelheit ins Licht, wandelt sich das Tier in eine Menschengestalt, in eine vitale, lachende Frau. La Lobas machtvoller Gesang erinnert an die schaffende Wortgewalt Gottes in der Schöpfungsgeschichte.

Die meisten Frauen singen und sprechen mit Kopfstimme, zart und fein. Über die Jahrtausende haben sich einige Barrieren im Körper der Frau gebildet, die den Zugang zum Klangraum der Lebensstimme verbaut haben: die Kontrolle der Stimmbänder, die eingeschnürten, gefangenen Herzen, das Korsett um die „Wespentaille" und die im „Keuschheitsgürtel" gebundene weibliche Sexualität, die trotz der sexuellen Revolution der Sechzigerjahre im letzten Jahrhundert nicht wirklich befreit werden konnte. Um Leben zu retten und weiterzugeben, haben wir innere Stacheldrähte aufgebaut. Wer das Lied von La Loba lernen will, braucht Mut, denn ihr Lied bringt erst einmal die eigenen inneren Schutzmauern zum Erzittern. Mit ihrem Lied erwecken wir die toten Stellen in unserem Körper. Um Schmerzen nicht mehr spüren zu müssen, haben wir die vielen Verletzungen eingefroren. Der Preis, den wir dafür zahlten und zahlen, ist groß. Wir haben uns von der inneren Mitte, unserer Lebensquelle, abgeschnitten. La Loba lehrt uns, diese zu befreien.

Weisheit der Wolfsfrau

La Loba ist eine Frau, die den Übergang vom Leben in den Tod und vom Tod ins Leben kennt (siehe Abb. 3 im Bildteil). Das heißt, sie ist Trägerin eines uralten Frauenwissens, denn sie weiß, dass auch noch in den toten Knochen Leben steckt. In dieser Kraft geht sie unerschrocken und furchtlos durchs Leben, das sie bis in die Knochen liebt. Mit dieser Kraft öffnet sie sich mutig der Dunkelheit, weil sie weiß, dass dort Licht zu finden ist.

Wenn sich im Märchen nach einer durchsungenen Nacht am Horizont der Wolf umdreht und sich in eine lachende Frauenschönheit verwandelt, dann werden wir daran erinnert, dass allein die innere Schönheit über Alter und Tod trägt und uns hält. Diese Schönheit lässt sich nicht kaufen und von keinem Schönheitschirurgen (wieder-)herstellen. Sie wird gefunden und entwickelt durch die Liebe zum Leben in all seinen Facetten. Es ist das große Ja, das nichts und niemanden ausschließt oder ausgrenzt. In La Loba scheint die Verbindung zu der Großen Mutter ungebrochen. Ihre Gaben sind das Mitfühlen und das Erbarmen, und diese stehen La Loba fast unendlich zur Verfügung. Das macht sie, trotz äußerer Hässlichkeit, liebenswert und schön.

Die Wildheit der Wolfsfrau zeigt sich auf zwei Arten: die Wildheit, die aus der Verbundenheit mit den Naturkräften lebt, im Speziellen mit den Tieren, und die Wildheit, die sich als Freiheit im Geist äußert. Das letzte Jahrhundert hat einige wilde Frauen hervorgebracht. Ich möchte hier vier Frauengestalten herausgreifen, weil sie mir geholfen haben, Seiten in mir besser zu verstehen und zu bejahen. Manchmal scheinen diese Frauen hinter mir zu stehen, mich gleichsam zu ermutigen und zu ermächtigen, Frauenwege zu gehen.

Hannah Arendt, eine aus Königsberg stammende, jüdische, leidenschaftlich-wilde Philosophin, hat sich früh in ihrem Leben für ein „Denken ohne Geländer" entschieden. Diese Wildheit hat sie berühmt gemacht und ihr auch Feinde beschert, nicht zuletzt, als sie wagte, über den Eichmann-Prozess einen Artikel zu schreiben mit dem Titel „Die Banalität des Bösen". Ihr Engagement für ein Denken ohne Geländer verstehe ich auch als eine Einladung, das einseitig männliche, logisch-rationale Denken zu ergänzen mit weiblichen Zugängen zur Wirklichkeit, beispielsweise mit einem intuitiv-mythischen Denken.

Christiane Northrup steht für eine andere Wildheit. Als Ärztin lädt sie dazu ein, zur Frauenweisheit im eigenen Körper zu finden. Wenn wir lernen, mit unseren Organen und Zellen zu kommunizieren, erhalten wir nicht nur intuitiv wichtige Informationen über den Zustand unseres Körpers und unserer Seele, sondern aktivieren gleichzeitig die Fähigkeit zur Selbstheilung. Der Körper ist weit mehr als eine perfekte Maschine; in ihm wohnt eine eigene Intelligenz, die sich erst offenbart, wenn wir lernen, auf die feinen Signale des Körpers zu hören.

Dorothee Sölle war evangelische Theologin und Mystikerin. Sie deutete in einzigartigerweise das Leben vieler Mystikerinnen und Mystiker als ein Leben im Widerstand. Von ihr habe ich gelernt: Wer den Weg nach innen geht, wer den „Weltinnenraum" (Rilke) entdeckt und erforscht und dort zum eigenen Lebensentwurf findet, wird eigenständig und in der Folge auch widerständig, nicht aus Prinzip, sondern einfach weil die Treue zum eigenen Wesen gewichtiger wird als das Wohlgefühl und die Geborgenheit in einer vertrauten Gemeinschaft oder die Sicherheit einer Arbeitsstelle.

Während ich Hanna Arendt, Christiane Northrup und Dorothee Sölle nur über ihre Schriften kenne, war ich mit *Pia Gyger* fast vierzig Jahre befreundet. Über Jahrzehnte haben wir in vielen nationalen und internationalen Projekten zusammengearbeitet. In den Achtzigerjahren des letzten Jahrhunderts hat sie eine katholische Frauengemeinschaft spirituell und strukturell erneuert und diese auch geöffnet für Männer und Ehepaare, für Geschiedene, Wiederverheiratete, für verheiratete Priester und homosexuelle Paare, für Mitglieder der verschiedenen Kirchen und verschiedener Religionen. Sie orientierte sich dabei an den Grundprinzipien der Evolution, in deren Mittelpunkt die Vereinigung steht, die alle Beteiligten zugleich zur höchsten Ausdifferenzierung und zu maximalem Selbstsein führt. Sie forschte nach den strukturellen Bedingungen, die solche Prozesse begünstigen, und setzte ihre Erkenntnisse in Institutionen wie dem Therapieheim Sonnenblick in Kastanienbaum und dem Lassalle-Institut in Edlibach um. Zwei ihrer Leitmotive waren die kollegiale Leitungsform und die strukturelle Partnerschaft von Mann und Frau. Auf der persönlichen Ebene war ihr das Erlernen von psychischer Intimität in Beziehungen besonders wichtig. Sie war beseelt von der wilden Weisheit, dass wir uns durch den regelmäßigen Austausch über unser Innenleben, unsere Gefühle und Gedankenwelt, über die Reflexion der Dynamik in unseren Beziehungen, unser spirituell-geistiges Suchen, über die Auseinandersetzung mit dem Weltgeschehen und durch intellektuelles Forschen und Lernen selbst näherkommen können. Ihre Vision war es auch, dass in uns im Austausch mit einem Du und der Welt Selbst- und Weltfindung in einem hohen Maße stattfinden könne.

Allen vier Frauen ist gemeinsam, dass sie ihrer inneren Stimme gefolgt sind, ausgetretene Pfade verlassen, auch die Einsamkeit und Kargheit der Wüste nicht gemieden haben. Sie haben innere und äußere Schwierigkeiten und Herausforderungen gemeistert. In wilder Schönheit dienen und dienten sie dem Leben.

Finden Frauen wieder zur ursprünglichen Kraft zurück, dann entdecken sie die Naturkräfte in sich noch einmal neu. Es erwacht insbesondere ein neues Bewusstsein der weiblichen Sexualität. In der Beschäftigung mit diesem Thema bin ich unerwarteterweise auf die ägyptische Himmelskönigin Nut gestoßen. Sie wird uns im nächsten Kapitel begleiten.

Übungen

Gesang der Wolfsfrau

Mit dieser Anleitung entdeckst du den Gesang für deinen
Körper und deine weiblichen Organe. Er harmonisiert Körper
und Geist:

1. Ziehe dich in einen Raum zurück, in dem du nicht gestört
   wirst. Umgib dich dabei mit Schönheit. Zünde eine Kerze
   an.
2. Setze dich bequem hin. Schließe die Augen und beginne
   zu summen oder zu tönen. Lass den Klang deiner
   Stimme in die Innenräume deines Körpers wandern –
   Kopf, Gesicht, Hals, Schultern, Arme, Hände, Brustraum,
   Rücken, Bauchraum, Becken, Beine und Füße.
3. Singe das Lied, das nur für dein Herz bestimmt ist. Singe
   für deine Brüste, für deine Taille, für deine weiblichen
   Geschlechtsorgane. Lass dir Zeit ... und genieße den
   Nachklang in deinem Körper.

Lied der Vergebung und Versöhnung

Die eigene Stimme ist ein machtvolles Instrument, kann verletzen oder heilen. Durch diese Übung stärkst du das Bewusstsein
für die heilende Kraft deiner Stimme und gehst gleichzeitig
den Weg des Friedens und der Versöhnung:

1. Suche nach Situationen und Begegnungen in deinem
   Leben, in denen du Eifersucht, Neid und Missgunst gegenüber einer anderen Frau erlebt hast. Lass die Erinnerung
   ganz lebendig werden. Stell dir die Frau ganz konkret vor.

2. Singe deine eigene Melodie in die Situation hinein, so lange, bis sich eine Veränderung einstellt.

3. Dann sage zu dir selbst: „Ich vergebe mir." Fühlt sich dieser Schritt noch nicht stimmig an, dann beginne wieder zu singen. Lass dich von der Vergebung berühren.

4. Danach sage zu der Frau (erst innerlich, wenn möglich später auch konkret und direkt), an der du schuldig geworden bist: „Ich bitte dich um Verzeihung." Wenn auch dieser Schritt erst nicht ganz gelingen mag, beginne wieder zu singen.

5. Erinnere dich an Situationen, in denen du dich von einer Frau erniedrigt gefühlt hast. Stell dir auch diese Begebenheit, und im Speziellen diese Frau, ganz konkret vor.

6. Finde auch für diese Situation eine Melodie und singe, bis du selbst innere Freiheit erlebst und zu einem Lachen findest, zum Lachen der befreiten Frau.

7. Dann sprich: „Ich vergebe dir." Spüre nach, wie sich die Vergebung in deinem Körper anfühlt.

8. Auch in diesem Fall lohnt sich das versöhnende Gespräch mit der anderen Frau, denn nur gemeinsam lösen wir die alte Feindschaft auf.

Psychische Intimität

Pia Gyger hat eine einfache Übung zum Erlernen von psychischer Intimität entwickelt. Sie kann zu zweit und in Gruppen angewendet werden.

Beginne mit einer kurzen Zentrierungsübung und mit Stille. Dann stelle folgende Fragen, über die man sich anschließend austauschen kann:

1. Wie geht es dir mit dir selbst?

2. Wie geht es dir mit den anderen Anwesenden? Mit der Gruppe?

3. Wie erlebst du dich als Frau/Mann?

4. Wie erlebst du dich als Schweizerin, Deutsche oder ...?

5. Wie erlebst du dich als Europäerin, als Erdenbürgerin?

6. Welche Themen (psychisch, physisch, geistig, spirituell auf persönlicher, beruflicher und globaler Ebene) beschäftigen dich?

NUT –
weibliche Sexualität und Spiritualität

Erste Überraschung

Wenn ich die Städte London, Paris, Berlin, New York, München und Zürich besuche, zieht es mich dort in den Museen immer wieder in die Abteilungen der altägyptischen Kunst. Die klaren Formen in Skulpturen, Reliefs und Bildern üben auf mich eine magische Anziehung aus. Keine Kulturepoche kann mich stärker in Bann ziehen als die Hochkultur des alten Ägypten. Die differenzierte Bilderwelt hat es mir angetan. Darüber gelesen und mich in die Hintergründe vertieft hatte ich mich allerdings viele Jahre fast gar nicht. Das sollte sich ändern. In der Zeit, in der die Kundalinienergie in mir sehr aktiv war, stieg Nut, die Göttin des Himmels, sozusagen aus den Bildern einer längst vergangenen Kultur auf. Sie offenbarte sich mir nicht nur als innerseelischer Archetyp, sondern zeigte sich auch als feinstoffliche Wesenheit, und das kam so:

Seit über fünfzehn Jahren nehme ich gelegentlich an schamanischen Trommelreisen teil, besuche und befrage Krafttiere und verbinde mich mit kosmischen Licht- und Geistwesen. Auf einer dieser Reisen bat ich um Hilfe für einen Mann in Not. Nicht immer erfahre ich in diesen Ritualen klare Antworten. Doch an diesem Abend stand plötzlich eine Himmel und Erde berührende, weibliche Gestalt vor mir, deren Namen ich sofort wusste: Die ägyptische Göttin Nut wurde zur lebendigen Wirklichkeit. Da mein Alltag in jener Zeit von vielen starken inneren und äußeren Bildern bestimmt war, blieb ich ruhig und nüchtern. Auch die Antwort des Not leidenden Mannes auf ihre Botschaft überraschte mich nicht. Obwohl er Nut nur dem Namen nach kannte, ließ er sich selbstverständlich auf ihre Anweisungen ein. Es schien für ihn alles ganz stimmig. Diese Offenheit zahlte sich aus. Die Symptome, die ihn schon viele Jahre und ganz besonders in der

Freizeit massiv einschränkten, ja geradezu quälten, klangen nach und nach ab. Mich ließ die ägyptische Göttin jedoch nicht mehr in Ruhe. Nut hatte offensichtlich auch mir etwas zu sagen.

Geprägt von der Schulung im Zen, in der die eigene Praxis und das eigenständige Finden von Lösungen zu paradoxen Geschichten (Koan) und nicht das Studium von Lehrtexten im Zentrum stehen, konnte ich der Versuchung, Bücher und Schriften über Nut zu lesen, leicht widerstehen. Ich nahm mir vor, dieser mythologischen Gestalt Raum in meinem Leben zu geben, bevor ich in einem zweiten Schritt, über Literatur, nach ihrem Wesen forschte. Es folgt also erst einmal meine eigene Entdeckungsreise in der Begegnung mit Nut.

Nuts Gaben

Nut zeigte sich mir als Erstes in ihrer Schutz gebenden Macht. Sie gab mir den Auftrag, dem bereits erwähnten Mann mitzuteilen, dass er sich vorstellen solle, sie würde sich schützend über ihn beugen, besonders am Abend und in der Nacht, wenn seine Symptome am heftigsten auftraten. Ihre Arme weit ausgespannt ordne und trenne sie die Kräfte des Himmels und der Erde. Sie sei sozusagen Brücke zwischen der feinstofflichen und der materiellen Welt. Wann immer Menschen überflutet werden mit Energien und Botschaften aus anderen Welten, sei sie die Hüterin der Schwelle. Als ich später im Internet nach Bildern zu Nut suchte, fand ich sie, in ihrer schützenden Funktion auf einen Sargdeckel gemalt, als Göttin mit ausgestreckten, geflügelten Armen.[22]

Das wohl berühmteste Bild zeigt Nut, wie sich ihr Körper, durch den die Sonnenscheibe wandert, über den ganzen oberen Bildrand ausstreckt; die Zehen und Fingerspitzen berühren dabei die Erde (siehe Abb. 4 im Bildteil). Gemäß der ägyptischen Mythologie schluckt sie am Abend die Sonne, um sie dann am

---

22 www.mein-altaegypten.de/internet/Alt_Aegypten_2/Goetter/nut.html.

anderen Morgen wieder zu gebären.[23] Dieses Bild bereitete mich für eine zweite überraschende Begegnung mit Nut vor, als einer Lehrerin, die mit machtvollen Energien zu arbeiten vermag.

Ich leitete zusammen mit Barbara von Meibom ein Modul des Lehrgangs „Spirituelles Coaching". Es ging dabei um die Intelligenz des Herzens, ein Thema, das mich seit einigen Jahren begleitet. Ich bin dabei vorwiegend von der Arbeit von Paul Pearsall inspiriert, einem Arzt und Herzspezialisten aus den USA. Seine zentrale These lautet: Das Herz schwingt in derselben Frequenz wie die Materie im gesamten Universum.[24] Und konsequenterweise können wir im Kontakt mit unserem Herzen in Verbindung sein mit allem, was existiert. So hatte ich in Anlehnung an ihn eine Herzkontemplation entwickelt, in der wir die Herzen von Menschen, Tieren und Himmelskörpern einladen, sich mit unserem Herzen zu verbinden. Während ich diese über Jahre vertraut gewordene Meditation anleitete, geschah in der Verbindung mit der Sonne etwas sehr Ungewöhnliches. Bis dahin hatte ich die Sonne als ein weit entferntes Himmelsgestirn visualisiert. Doch an diesem Tag schwebte sie auf mich zu. Je näher sie mir in der Imagination kam, umso vertrauter war sie mir und ihr Auf-mich-Zukommen erschien mir als etwas ganz Natürliches. Als sie vor mir ankam, öffnete ich den Mund, tat es Nut gleich und verschluckte sie. Mit wacher Aufmerksamkeit nahm ich wahr, wie sie langsam durch meine Kehle wanderte, von dort in den Herzraum und weiter in den Bauchraum. Hier blieb sie stehen und tauchte selbstverständlich in die Gebärmutter ein, als sei dort ihr angestammter Platz. Es schien genau der richtige Ort zu sein, um ihre leuchtende Kraft und Schönheit in meinem Körper vollständig zum Ausdruck zu bringen.

Unerschöpflich quollen golden leuchtende, sanfte und gleichzeitig machtvolle sexuelle Energiewellen aus meiner Gebärmutter, erfüllten den Bauch- und Beckenraum und fanden ihre

23 Manfred Lurker, *Lexikon der Götter und Symbole der alten Ägypter*, S. 145.
24 Paul Pearsall, *Heilung aus dem Herzen*.

Wege in den ganzen Körper. Glückseligkeit, wie ich sie bisher in dieser Fülle und Dauer nicht gekannt hatte, erfüllte mich. Äußerlich war mir nichts anzumerken. Ich war einfach nur glücklich über dieses innere Geschehen. Es machte mich weich und ausgesprochen einfühlsam für das Geschehen in der Gruppe und die Entwicklungsprozesse der einzelnen Teilnehmenden. Da saß ich nun, mit der leuchtend strahlenden Sonne in meinem Bauch. Es sollten Wochen vergehen, bis ich einen Weg fand, es Nut auch im Gebären der Sonne gleichzutun. Erst einmal war ich glücklich und zufrieden damit, eine kraftvoll leuchtende Sonne in meiner Gebärmutter zu wissen. Nut machte mir damit ein großes Geschenk.

Zum Kursprogramm gehörte auch eine Zen-Meditationseinheit am Morgen. Seit dem Ausbruch der Kundalinienergie war mir die Zen-Meditation zur Tortur geworden. Ich mied sie, wann immer ich es konnte. Es war mir, als sei das Sitzen in Versunkenheit für die Kundalini wie lodernder Treibstoff. Doch mit der Kraft der Sonne in meiner Gebärmutter veränderte sich die Situation grundlegend. Die Sonnenkraft in mir zähmte die explosiven Energieschübe der Kundalini. Endlich konnte ich wieder täglich Zazen praktizieren. Doch der Preis war hoch. Plötzlich bekam ich Schmerzen in den Hüften, die mit der Zeit so unerträglich waren, dass ich eine Ärztin aufsuchte. Ich wollte die Hüftgelenke röntgen lassen, um die Diagnose Hüftarthrose auszuschließen. Ich hätte es eigentlich ahnen können; die Röntgenbilder zeigten keinerlei krankhaften Befund. Da auch diese Ärztin alternative Medizin praktizierte, war ich wenig überrascht, als sie mir im abschließenden Gespräch sagte, dass sie eine Untersuchung durch eine Frauenärztin empfehle, da sie einen erhöhten Druck in meiner Gebärmutter festgestellt habe. Ich wagte ihr nicht zu sagen, dass ich vor einigen Wochen während einer Imagination die Sonne „verschluckt" hatte und einfach noch nicht wusste, wie sie zu gebären sei. Trotzdem ging ich zu meiner Frauenärztin. Auch sie bestätigte mir lachend, dass meine Geschlechtsorgane gesund seien.

Wollte ich schmerzfrei werden, musste ich also selber einen Weg finden, um die Sonnenkraft in mir zu befreien. Bevor ich mir dazu an einem freien Wochenende Zeit nehmen konnte, leitete ich ein Seminar mit Franziska Bolt zum Thema „Weibliche Sexualität und Spiritualität". Es kam für mich genau zum richtigen Zeitpunkt.

Rot, Orange, Gold und Diamant

Als ich während der Vorbereitung auf das Seminar Franziska von meiner Begegnung mit Nut und der Wanderung der Sonne in meinem Körper erzählte, antwortete sie mit dem ihr eigenen befreienden, herzhaften Lachen. Franziska ist eine Expertin für weibliche Sexualität und Spiritualität. Als Ärztin ist sie bestens vertraut mit Anatomie und Physiologie des weiblichen Körpers, ihre Kompetenz reicht jedoch viel weiter. Seit ihrer Jugend empfängt sie Inspirationen aus dem kollektiven Weisheitsraum und wird in altes Weisheitswissen eingeführt, besonders in die Welt der Sinnlichkeit, Sexualität und Spiritualität. In einem noch unveröffentlichten Manuskript beschreibt sie die Entwicklungsstufen der weiblichen Sexualität in den Farben beziehungsweise Qualitäten Rot, Orange, Gold und Diamant. Dabei ist ihr wichtig, dass damit keine Wertigkeit verbunden ist. Keine Erfahrung ist richtiger oder besser als die andere. Sie sind verschieden und greifen ineinander. Der größte Unterschied besteht darin, dass das sexuelle Erleben immer umfassender wird, den Menschen immer mehr als Ganzheit von Körper, Seele und GEIST berührt und in Schwingung bringt.

Am bekanntesten ist für Frauen (und Männer) die „rote" Sexualität. Rot will erobern; hier ist Sexualität in ihrem Ausdruck wild und heftig, findet schnell zum ekstatischen Höhepunkt, klingt aber ebenso schnell, wie sie gekommen ist, wieder ab. Sie wird durch die zärtliche Berührung der erogenen Körperzonen aktiviert; ein besonders sensibles Organ ist die Klitoris. Viele

Frauen erleben diese Form der Sexualität erst einmal als Befreiung, als Befreiung einer wilden, weiblichen Urkraft, die endlich ohne Prüderie und falsche Scham leben darf. Finden Frauen jedoch nicht den Übergang zur „orangenen" Sexualität, wird die „rote" mit der Zeit langweilig und unbefriedigend. Orange bedarf der größeren Sorgfalt, der emotionalen Einstimmung mit dem Partner. Dafür müssen die Männer meist erst gewonnen werden. Viele leben nach dem Prinzip: Sprich nicht über Sexualität, lebe sie. Die orangene sexuelle Begegnung ist begleitet von einem tiefen gegenseitigen Vertrauen und von Offenheit. Sie verliert an Wildheit, folgt vielmehr einem sanft-weichen, aber nicht weniger leidenschaftlichen Rhythmus. Die Frau erlebt einen beglückenden, vaginalen, körperlich-emotionalen Orgasmus, der länger dauert als der rote und den Körper beseelt.

„Gold" greift noch tiefer. Dieser Aspekt weiblicher Sexualität hat ihren Sitz in der Gebärmutter, dem Zentrum der sexuellen Kraft, den Franziska liebevoll „Honigtopf" nennt. Frauen können sich in zweifacher Weise auf die goldene sexuelle Erfahrung einstimmen und vorbereiten. Erst einmal ist wichtig, dass wir lernen, unsere Gebärmutter in unserem Körper wahrzunehmen, um eine liebevolle Verbindung aufzubauen und immer tiefer mit ihr in Kontakt zu treten. Wenn wir dies tun, so berichten viele Frauen, dann beginnt allein durch das achtsame Gewahrwerden des Organs das goldene Licht zu fließen, eine beglückend heitere Erfahrung. In einem zweiten Schritt geht es um die Wahrnehmung einer subtilen Verbindung von Herz und Gebärmutter, der Herz-Gebärmutter-Saite, die aus mehreren feinen Membranen besteht. Manche hören gar Töne, innere Musik oder sehen Farben, leuchtend wie ein Regenbogen. Menschen, die in der Sexualität verletzt, missbraucht oder traumatisiert sind, haben zerrissene Membranen, die es neu zu verbinden gilt.

Den goldenen Orgasmus in der liebenden Begegnung mit dem Partner erleben zu dürfen, verlangt von beiden neben der seelischen Vertrautheit eine Offenheit, sich auf einer tiefen, nicht mach- und verfügbaren Seelenebene zu begegnen. Damit verbunden ist die Bereitschaft zur vertrauensvollen Hingabe an den Partner, wobei der Mann die Führung ganz der Frau zu übergeben hat. Das ist eine große Herausforderung für ein Paar, ganz besonders für den Mann. Doch das Geschenk der beiden aneinander ist Glückseligkeit. Die goldene sexuelle Energie ergießt sich in den ganzen Körper der Frau. Dieser Zustand kann lange andauern. Frauen strahlen dann noch Tage „danach" von innen her.

Mit großer Betroffenheit höre ich von vielen Frauen, dass sie keinen oder nur wenig Zugang zu ihrer Gebärmutter haben. Klitoris, Schamlippen und Vagina spüren sie noch und dann ist die Wahrnehmung zu Ende. Für sie scheint das zentrale weibliche Sexualorgan hinter dicken Mauern verschlossen. Jene, die es wagen, diese Mauern zu berühren, kommen mit viel Trauer, Schmerz und Wut in Berührung. Es sind nicht nur persönliche Geschichten, die in diesen Mauern verborgen sind. In unseren Zellen scheint geheimnisvoll das leidvolle Erbe – Schmerz und Schuld – aller Frauen in unserer Ahnenreihe gespeichert. Die Heilung dieser Erinnerungen braucht nicht nur Zeit, sondern auch Schutzräume, die Frauen sich gegenseitig in Freundschaft schenken können. Auch Partner können hier ein Segen sein, nämlich dann, wenn sie sich von der „Ver-rücktheit" dieser kollektiven Erinnerungen berühren lassen und liebevoll präsent bleiben können, auch wenn sich eine Flut von Horrorbildern in Körper und Seele Bahn bricht. Allmählich kann die Herz-Gebärmutter-Verbindung wieder zu schwingen beginnen. Das ist wichtig, denn erst die liebevolle Herz-Gebärmutter-Verbindung öffnet die Erfahrung der spirituellen Dimension in der Sexualität.

Im Orgasmus, den Franziska „diamanten" nennt, wird das Tor zum Universum aufgestoßen. Der Körper wird transparent, entgrenzt sich, öffnet sich für die unendliche Weite des kosmischen Raumes. Die Trennung zwischen innen und außen löst sich auf. Der Mensch erfährt sich als kosmischen Tanz, ist aufgehoben in der Unendlichkeit von Raum und Zeit. Ähnlich beschreiben

Mystikerinnen und Mystiker aller Traditionen bestimmte Erfahrungen auf ihrer Suche nach dem Göttlichen.

Während ich Franziskas Ausführungen zuhörte und diese mit meinen Erlebnissen in der Begegnung mit Nut verglich, kamen in mir Fragen auf: Könnte es sein, dass die Bildtafeln von Nut auch Lehrbilder sind für die psychosexuelle Entwicklung des Menschen und Wegweiser für die Öffnung der spirituellen Dimension in der sexuellen Kraft? Könnte es also sein, dass die Wanderung der Sonne durch den menschlichen Körper Blockaden löst und sich über diese meditative Übung Frauen und Männer einstimmen können auf eine erfüllte Sexualität?

Sternenmantel

Nut hielt noch weitere Überraschungen für mich bereit. Die nächste inspirierende Begegnung mit ihr fand in einem Dachgeschoss in Zürich statt. Seit der ersten intensiven Begegnung mit dieser archetypischen Gestalt waren erst wenige Wochen verstrichen. Ich hatte einer Freundin versprochen, ihr beim Aufräumen ihres Dachbodens zu helfen. Sie war vor mir da und zeigte bei meiner Ankunft auf einen Stapel Bücher, den sie wegwerfen wollte. Neugierig nahm ich Buch für Buch in die Hand. Schon bald fand ich ein ägyptisches Orakelbuch, blätterte darin und fand sie: Nut war da als Frau dargestellt, deren nackter Körper mit Sternen übersät war und aus deren Unterleib Sonnenstrahlen leuchteten.[25] Auf keinem anderen Bild hatte ich bisher diese Strahlen gesehen. So wollte ich auch versuchen, das goldene Licht der Sonne aus meinem Unterleib strahlen zu lassen. Ich ahnte, dass mir diese Übung helfen würde, frei zu werden von meinem Druck im Unterleib. Während ich weiter beim Aufräumen half, freute ich mich auf die Zeit, in der ich mit dieser neuen Anleitung von Nut experimentieren konnte.

25 David Lawson, *Das Ägyptische Orakel*, S. 26.

Als ich mich an jenem Abend endlich zurückziehen konnte, standen jedoch nicht die Sonnenstrahlen aus Nuts Unterleib im Mittelpunkt. Ihr Sternenkleid begann mich zu faszinieren. Voller Entdeckerfreude, wie ein kleines Kind, stellte ich mir vor, dass auch ich ein Sternenkleid auf meiner Haut trage, nachtblau und mit Sternen übersät, das Gewebe zarter als Seide, feiner als Samt, dessen Anfang und Ende sich im kosmischen Raum verlor. Noch nie fühlte ich mich in einer Übung so geborgen, geschützt und gleichzeitig aufgerichtet. Mein Körper entspannte sich, wurde weich, während der Geist klar und wach blieb. Welch ein Geschenk der ägyptischen Himmelsgöttin! Je vertrauter ich mit der Übung wurde, umso mehr begann ich, mich an viele ähnliche Darstellungen von Maria zu erinnern, auf denen auch sie in einen Mantel eingehüllt ist, in dem Sterne auf der Innenseite leuchten. Und ich fand dieses Sternenmeer ebenfalls in Deckengewölben von Kirchen, die Maria geweiht sind. Das erstaunte mich kaum, denn ich wusste um Forschungsarbeiten, in denen nachgewiesen wird, dass Maria viele Attribute der Göttinnenkulte aus dem Mittelmeerraum auf sich vereinigt. Inspiriert durch die Darstellungen von Maria, ließ ich die Sterne meines Sternenmantels in den Körper hineinleuchten. Damit setzte ich einen Prozess in Gang, der bis heute nicht zu einem Ende gekommen ist. Es gibt kein Innen und Außen mehr, eingehüllt in den Sternenmantel fühlt sich der eigene Körper zunehmend wie kosmisches Gewebe an. Mir ist's, als wolle uns Marias Sternenmantel anregen, uns daran zu erinnern, woher wir kommen und wo unsere wirkliche Heimat ist, nämlich im Universum.

Wie gerne habe ich Astrophysikern zugehört und ihre Bücher, beispielsweise das Buch „Die Zukunft des Universums" von Arnold Benz, gelesen, in dem er beschreibt, dass unser Körper aus Sternenstaub besteht und dass das Wasserstoffatom, das am häufigsten in unserem Körper anzutreffen ist, um weniges jünger ist als unser Universum.[26] Immer schon suchte ich nach Wegen,

---

26 Arnold Benz, *Die Zukunft des Universums*, S. 35.

um dieses Wissen erfahrbar werden zu lassen. Denn Wissen, das für den Menschen nicht zur Erfahrung werden kann, bleibt abstrakt und führt zu keiner wesentlichen Weiterentwicklung.

Und noch eine Entwicklung zeigte sich im weiteren Verlauf der Übung mit dem Sternenmantel: Als Vorbereitung für Sitzungen in von Männern dominierten Gremien begann ich, die Sternenmantelmeditation zu integrieren. Bisher war ich in Gefahr, der männlichen Kriegerenergie mit weiblichem Kampfgeist zu begegnen. Weder meine Einsicht in diese Dynamik noch meine Bewertung meiner destruktiven Haltung und meines kräfteraubenden Verhaltens hatten bisher zu einer nachhaltigen Veränderung geführt. Die Sternenmantelmeditation öffnete neue Möglichkeiten, nämlich weich und dabei gleichzeitig klar und entschieden zu bleiben. Ich wurde auch immer immuner gegenüber kleinen Hieben wie dem Einwurf, das sei „girls stuff" (Weiberkram), wenn ich beispielsweise ein etwas außergewöhnliches Vorgehen in Sitzungen vorschlug. Inzwischen habe ich diese Übung auch an Männer weitergegeben. Besonders jene Männer machen damit nützliche Erfahrungen, die glauben, im Berufsalltag ohne Kriegerenergie nicht weiterzukommen und sich an diesen Modus so gewöhnt haben, dass sie auch im privaten Alltag Mühe haben, ihre Rüstung abzulegen. Sie zahlen einen hohen Preis, nämlich mangelnde Intimität, fehlende Nähe mit ihren Partnerinnen und wenig Spielfreude mit ihren Kindern. Nuts Gaben gehören also nicht nur den Frauen.

Goldene Gebärmutterkraft

Den Hinweis auf einen weiteren Aspekt von Nut bekam ich von dem Psychotherapeuten Heiner Max Alberti, einem Mitglied der Gruppe ehemaliger Teilnehmender des Lehrgangs zum Spirituellen Coaching, die sich jährlich im Sommer für ein paar Tage trifft. Zu Beginn eines solchen Treffens lassen wir uns jeweils gegenseitig teilhaben an den Entwicklungsprozessen des vergangenen Jahres. Eine höchst sensitive Frau aus der Gruppe, die sich seit Jahren auf einem intensiven spirituellen Weg befindet, erzählte, dass sie sich aus ihrem Berufsleben vorübergehend verabschiedet habe. Sie schien wenig erdgebunden und manchmal wie in einer anderen Welt zu leben. Zum ersten Mal berichtete sie von einem tiefen, alten Schmerz. Ihr grundlegendes Lebensgefühl sei, falsch zu sein und nicht hierher zu gehören. Heiner Max Alberti deutete diesen Zustand als Folge einer sehr frühen Verletzung. Es kann geschehen, dass das befruchtete Ei beim Einnisten auf eine abweisende Gebärmutterwand trifft, die aufgrund der Angst und Not der Mutter hart und abstoßend geworden ist. Gelingt es dem befruchteten Ei, sich trotzdem einzunisten und zu wachsen, bleibt eine Verletzung, die lange vorsprachlich bleibt. Mit wachsendem Vertrauen in die Umgebung kann dieses Lebensgefühl, „nicht richtig zu sein", ausgesprochen werden. Unsere Gruppe ließ sich ganz spontan darauf ein, im übertragenen Sinne zu einer annehmenden, liebevollen und nährenden Gebärmutter für die Teilnehmerin zu werden. Es wurde kaum gesprochen, doch alle Beteiligten waren davon tief berührt und bewegt.

Diese Erfahrung, nährende Gebärmutter zu sein, hielt bei mir mehrere Tage an. Und ahnend verband ich dieses Geschehnis mit Nut. War sie wohl nicht nur Schutz gebend, sondern auch nährend? Doch weiter als zu dieser leisen Frage kam ich nicht. Zu dieser Seite Nuts hatte ich lange keinen weiteren Zugang.

Nut und Pele

Noch immer hatte ich diesen Druck im Bauchraum, der sich trotz der Sternenmantelmeditation nicht auflöste. So zog ich mich für ein Wochenende in die Berge zurück, um mich in der Stille auf meinen Körper einzulassen. Ich hatte großes Vertrauen, dass er seinen Weg finden würde, die Sonnenkraft zu gebären. So war es denn auch. Manchmal überfällt mich eine bleierne Müdigkeit, sodass ich nicht anders kann, als mich hinzulegen, nicht etwa um zu schlafen, sondern um auf die Tiefenimpulse in mir zu hören. Am ersten Morgen nach dem Frühstück war es wieder so. Bereits kurze Zeit, nachdem ich mich hingelegt hatte, stiegen Bilder auf, die mich in eine andere Welt trugen. Ich sah einen Strom von Blut zwischen meinen Beinen hervorquellen, ein Strom, der nicht enden wollte, so als würde das Blut aller Frauen aus mir herausfließen. Da ich schon längst in der Menopause bin, war dieses Bild sehr ungewöhnlich. In der Hoffnung, dass es mich von innerem Druck befreien würde, war ich mehr als froh darüber.

Plötzlich änderte sich das Bild. Es war nicht mehr Blut, sondern ein glühend rot-goldener Lavastrom ergoss sich aus meinem Körperinneren, der den Druck in meiner Gebärmutter nach und nach löste. Das Bild erschütterte mich zuerst zutiefst. Ich war aber trotzdem nicht wirklich erstaunt. Auf meinen einsamen Wanderungen in den Bergen kann es geschehen, dass mein plappernder Alltagsgeist zur Ruhe kommt und ich in ein Bewusstsein hineintauche, in dem ich Einheit mit der Erde erfahre. Sie geht in mir und ich in ihr. Mit einer gewissen Regelmäßigkeit verbindet sich dabei meine Gebärmutter mit dem Inneren der Erde. Gebärmutter und glühender, sonnengleicher Erdkern sind dann eins. An jenem Wochenende geschah noch etwas Außergewöhnliches. Als ich von einem kurzen Spaziergang zurückkam, lief im Fernsehen ein Film, der ähnliche Bilder zeigte, wie ich sie vorher in meinem Versuch, die Sonne zu gebären, gesehen hatte. Ich war nicht wenig überrascht, dass alle Bilder auf Big Island, der größten Insel von Hawaii, aufgenommen worden waren. Diese Insel ist Sitz der Vulkangöttin Pele. Nut und Pele verbindet offensichtlich eine innere Verwandtschaft. Beide stehen am Übergang vom Matriarchat zum Patriarchat. Jetzt war die Zeit gekommen, mich mit Fachliteratur zu Nut zu beschäftigen.

Nut – kosmisches Mutterschwein

Die wohl älteste Darstellung zeigt Nut als kosmisches Mutterschwein, als Mutter aller Götter.

> „Von ihr wird gesagt, dass ihr Kopf im westlichen Horizont und ihr Mund ‚im Westen' sei, mit dem sie den Sonnenstern verschlingt. Am Morgen kommt er wieder aus dem Mutterschoß hervor, der die Bezeichnung ‚östlicher Horizont' trägt. Der Sonnenstern wird geboren, indem er ‚die Schenkel seiner Mutter öffnet'."[27]

Nut gebiert nicht nur den Sonnengott Re jeden Morgen wieder neu, sondern in der Nacht auch alle Sterne; sie ist Sternen- und Sonnengebärerin. Eine spätere Darstellung zeigt Nut mit ihrem Vater Schu und ihrem Bruder Geb. Sie ist Himmelsgöttin und gehört mit ihrem Bruder, dem Erdgott, zur dritten Generation im Stammbaum der Weltentstehung. Ihre Eltern, das erste Götterpaar Schu und Tefnut, repräsentieren Schöpfungsprinzipien: Schu, das männliche Prinzip, steht für Leben. Tefnut, das weibliche Prinzip, schafft Ordnung in der Bewegung des Lebens, indem sie Grenzen, Ziel und Bewusstsein gibt.[28] Die Eltern Nuts bilden mit dem Urgott Atum eine Drei-Einheit, die gemeinsam den kosmischen Prozess der Weltwerdung und -entwicklung voranbringt. Atum bedeutet „All" und das „Noch-nicht-Sein". Als präexistente Drei-Einheit erschaffen sie immerwährend in der Welt und durch die Welt. Gott wird nicht als Schöpferkraft erkannt, die von außen wirkt und die Schöpfung daraufhin über weite Strecken sich selbst überlässt, wie beispielsweise in der jüngeren jüdischen Schöpfungsgeschichte. Jahwe lebt in einer anderen Dimension und begegnet im Laufe der Geschichte nur einigen Auserwählten, meistens Männern.

---

27 Jutta Voss, *Das Schwarzmond-Tabu*, S. 196.
28 Jan Assmann, *Ma'at*, S. 174.

Ein weiterer bedeutender Unterschied zur jüdischen Schöpfungsgeschichte zeigt sich bei der näheren Betrachtung. Die männliche Kraft wird in Ägypten mit Leben gleichgesetzt, während die weibliche Energie Wahrheit und Bewusstsein schafft. In der vom Patriarchat bestimmten Welt werden diese Schöpfungsprinzipien umgekehrt zugeordnet: dem Männlichen das Ordnungsprinzip und dem Weiblichen das Leben. Adam schafft Ordnung, indem er im göttlichen Auftrag alles von Gott Geschaffene mit Namen bezeichnet, während Eva Urmutter alles Lebendigen wird. Nicht von ungefähr gehört die Geschichte des Alten Ägypten vor die Achsenzeit[29], die etwa im 8. Jahrhundert v. Chr. einsetzte. Die Achsenzeit war die Zeit der großen Männergestalten: In China lebten und wirkten Laotse und Konfuzius, in Indien Buddha, im Iran Zarathustra, im Nahen Osten weissagten mahnend die großen Propheten und in Griechenland legten die berühmten Philosophen das Fundament der Demokratie. Und Jesus integrierte in sich die Prinzipien von Schu und Tefnut, indem er über sich sagte: „Ich bin der Weg, die Wahrheit und das Leben." Mit ihm begann sogar eine neue Zeitrechnung. Als Männer immer mehr Ruhm und Ehre erhielten, verlor das einst hochverehrte kosmische, göttliche Mutterschwein nicht nur seine machtvolle Stellung, sondern wurde gar vom Sockel gestoßen und schlussendlich in den Dreck gezogen.

Während der Achsenzeit fand ein geistiger Polsprung statt, der die religiöse, politische, kulturelle und soziale Ordnung völlig umdrehte, zumindest was die Stellung von Mann und Frau betrifft. Mit gutem Grund konnte Karl Japsers über jene Zeit schreiben: „Es entstand der Mensch, mit dem wir heute leben."[30] Jede Gottesvorstellung und jeder Schöpfungsmythos hat Einfluss auf Identität und Selbstbewusstsein von Mann und Frau. So fällt es heute den meisten Menschen schwer, sich in die Zeit des Alten Ägypten hineinzuversetzen. Es braucht Mut und auch

---

29 Ein Begriff, den Karl Jaspers zum Verständnis der Weltgeschichte einführte und dem er ein ganzes Buch widmete: *Vom Ursprung und Ziel der Geschichte.*
30 Karl Jaspers, *Vom Ursprung und Ziel der Geschichte*, S.18 ff.

die Fähigkeit, „ohne Geländer zu denken", um diese Umpolung der männlich-weiblichen Werte zu würdigen, sich in diese einzufühlen, sich durch sie inspirieren zu lassen oder gar anzunehmen. Wenn ich an die vielen Gespräche mit Männern in Zen-Kursen denke, dann fällt mir in jüngster Zeit auf, dass einige ohne zu zögern ihre inneren Prozesse manchmal mit weiblichen Metaphern beschreiben. So höre ich gelegentlich Aussagen wie: „Ich gehe mit mir schwanger", oder auch: „Ich bin mich am Gebären." Es scheint, als würden wir heute wieder an einem entscheidenden Übergang stehen. Das neue Paradigma zwischen den Geschlechtern heißt „Ebenbürtigkeit und Partnerschaftlichkeit". In diese Richtung haben der Schweizer Theologe Hans Küng und seine Mitarbeiter in der Erklärung zum Weltethos gedacht und gearbeitet. Zu ihren vier unverrückbaren Weisungen gehört auch die Verpflichtung auf eine Kultur der Gleichberechtigung und Partnerschaft von Mann und Frau.[31]

Nut und Geb – Lilith und Adam

Die Himmelskönigin Nut wird meistens als nackte Frau dargestellt, die sich mit ihrem von Sternen übersäten Körper über die Erde beugt und den ganzen oberen Bildrand umfasst. Mit ihren Händen und Füßen berührt sie die vier Himmelsrichtungen und begrenzt damit den linken und rechten Bildrand. Auf der Erde liegt ihr Bruder Geb, der ihr in einigen Bildern den erigierten Penis entgegenstreckt. Ihr Körper wird häufig gestützt durch ihren Vater Schu. In der Sethos-Schrift wird deutlich, weshalb der Vatergott zwischen den Geschwistern steht, die auch ein göttliches Ehepaar sind:

> „Sie (die Sterne; Anm. der Autorin) treten ein in ihren Mund am Ort ihres Kopfes im Westen. Sie frisst sie. So stritt Geb mit Nut, weil er zornig war wegen des Fressens. (…) So erhob

---

31 Hans Küng und Karl-Josef Kuschel (Hrsg.), *Erklärung zum Weltethos*, S. 38 ff.

sich ihr Vater Schu, indem er sie (Nut) auf seinen Kopf hob, wobei er sagte: ‚Geb, hüte dich.' Er soll nicht mit ihr streiten, weil sie Kinder frisst. Sie gebiert sie, sie leben. (…) Nicht eines kommt in ihr zu Fall."[32]

Geb scheint nicht zu verstehen, dass zum Wesen seiner Schwester und göttlichen Gemahlin beides gehört, nämlich dass sie nimmt und gibt. Bedeutend ist hier das Wort „und". Es heißt nicht „entweder oder", auch nicht „sowohl als auch". Nein, Nut gibt *und* nimmt gleichzeitig und in gleichem Maße. Da Geb dieses Wesensprinzip nicht versteht, zettelt er einen Streit an, den sein Vater noch zu schlichten weiß. Die schlimmste Vorstellung im Alten Ägypten war, dass Nut vom Himmel herabkommen würde, was das Ende allen Lebens bedeutet hätte.[33] Sie *muss* also immer über Geb liegen, um Leben zu erhalten. Auch diese Vorstellung kippte nach der Achsenzeit in ihr Gegenteil. Wir erinnern uns: Lilith konnte nicht länger im Paradies bleiben, weil sie sich im Geschlechtsakt weigerte, unter Adam zu liegen. Vor dem Hintergrund der ägyptischen Mythologie erhält dieser scheinbare Geschlechterstreit um sexuelle Vorlieben eine tiefere Bedeutung. Mit Liliths verlorenem Kampf begann der „Abstieg" der Frauen aus himmlischen Höhen bis in die extremen Tiefen der Verteufelung und Unterdrückung.

Und noch etwas ist bemerkenswert im Bild von Nut als sternenübersäter Himmelskönigin: Tefnut, die Mutter von Nut und Geb, fehlt. Hat sie wohl ein ähnliches Schicksal wie die Göttin im Vorderen Orient, Aschera, die einst neben Jahwe, dem Schöpfergott, verehrt wurde? Ihr Fehlen hatte tatsächlich vergleichbare Auswirkungen, wie bei den Kindern von Adam und Eva, auch wenn die Geschichte in Ägypten nicht so verheerend endet. Aber die Kinder von Nut und Geb erleiden ein ähnliches Schicksal wie Kain und Abel.

32 Hermann Grapow, *Die Himmelsgöttin Nut als Mutterschwein*, in: Zeitschrift für Ägyptische Sprache und Altertumskunde, S. 45.
33 Ebd.

Nuts Sohn Seth, der Herr der Wüste, neidet seinem Bruder Osiris, dem Gott der Fruchtbarkeit, sein Glück und ermordet ihn. Unter Anwendung von Zauberkünsten und beseelt von einer innigen Liebe gelingt es Isis, ihren zerstückelten Bruder-Gatten wieder zusammenzusetzen und zum Leben zu erwecken. Von ihm empfängt sie dann den berühmten Sohn Horus. Doch das Familiendrama in Ägypten hat damit noch kein Ende. Horus rächt den Vatermord und verliert dabei ein Auge, sein Onkel Seth die Hoden.[34]

Geben und Nehmen – Geburt und Tod

Nut wird häufig auf Sarkophagen abgebildet. Sie nimmt die Toten in Empfang. In ihr leben sie weiter, bis sie wiedergeboren werden. In der Welt der Nut ist der Tod nicht der Gegenspieler des Lebens, denn das Leben ist ohne Ende und ewig und „kein (Leben) kommt in ihr zu Fall".[35] Geburt und Tod kommen und gehen wie der Zyklus von Tag und Nacht. Nut und ihre Tochter Isis erinnern uns daran, dass der Tod nicht das Ende des Lebens ist. Mehr noch: Wenn wir lernen, den Tod als großen Übergang anzunehmen, gewinnt der gegenwärtige Augenblick an Tiefe. Was immer geschieht, Erfreuliches oder Trauriges, ist im Strom des Lebens aufgehoben. Getragen in diesem Urvertrauen ist uns ein erfülltes und glückliches Leben gewiss.

Die Göttin Pele, die uns im folgenden Kapitel beschäftigen wird, beherrscht dieses Geben und Nehmen in einem dramatischen Ausmaß. Sie gebiert neues fruchtbares Land und vernichtet dabei nicht selten Menschenwerk.

---

34 Manfred Lurker, *Lexikon der Götter und Symbole der alten Ägypter*, S. 145.

35 Hermann Grapow, *Die Himmelsgöttin Nut als Mutterschwein*, in: Zeitschrift für Ägyptische Sprache und Altertumskunde, S. 45.

Übungen

Herzkontemplation

Die Übung ist nach der Kardiokontemplation „Heilung aus dem Herzen" von Paul Pearsall entwickelt. In der Herzkontemplation laden wir andere Herzen ein, sich mit unserem Herzen zu verbinden. Durch die Einladung bleibt die Freiheit aller Beteiligten in dieser Meditation gewahrt. Wir selbst brauchen uns nicht angestrengt um eine Verbindung zu kümmern, sondern können in der Stille des Herzens ruhen und die Herzen zueinander sprechen lassen. Die Meditation gliedert sich in zwei Abschnitte:

1. Einstimmung und Aufbau der Verbindung mit dem eigenen Herzen.

2. Die eigentliche Herzkontemplation, die Einladung an andere Herzen, sich mit dem eigenen Herzen zu verbinden.

1. Vorbereitung und Einstimmung

Nimm eine bequeme Sitzhaltung ein. Richte deine Aufmerksamkeit nach innen. Lass dich von deinem Atem führen. Nimm einfach nur wahr, wie er einströmt und ausströmt. Achte auf das Kommen und Gehen deines Atems, ohne ihn zu steuern oder ihn kontrollieren zu wollen. Erlaube dir, bei und mit deinem Atem zu sein. Der Atem verbindet das Innen und Außen, Geist und Körper. Er ist die Nabelschnur zur Seele. Lass dich vertrauensvoll auf deinen Atem ein. Atme bewusst Verspannungen deines Körpers aus.

Der Rücken ist kraftvoll, der Brustraum und Bauch weich und entspannt. Nimm wahr, wie Körper und Geist langsam zur Ruhe kommen.

Nimm über die Füße Kontakt auf mit unserem Heimatplaneten Erde. Gib dein ganzes Gewicht und deine Lasten ab. Lass dich von der Erde tragen. Lass durch deine Füße Wurzeln in die Erde wachsen. Öffne dich für das Erdenrund.

Nimm deine aufgerichtete Wirbelsäule wahr, vom Becken bis zur Schädelbasis. Spüre die Verlängerung durch den Kopf und über den Kopf hinaus in die Weite des Himmels. Erlaube deinem Geist, sich für die unendliche Weite des kosmischen Raumes zu öffnen.

Nimm Erde und Himmel in dir selbst wahr. Du bist eine einmalige Verbindung zwischen Himmel und Erde.

Nimm nun dein Herz wahr, weich, eingebettet in die beiden Lungenflügel. Lächle deinem Herzen zu. Es schlägt Tag und Nacht in seinem Rhythmus. Lass dir Zeit. Höre, spüre deinen Herzschlag. Lass deinen Herzschlag im ganzen Körper lebendig werden.

Öffne dich für den infoenergetischen Herzcode, der dich befähigt, mit all deinen Körperzellen, der Mitwelt bis in die Tiefen des Universums zu kommunizieren.[36] In deinem Herzen ist ein wichtiger Gedächtnisspeicher. Dein Herz ist das Speicherzentrum deiner Zellerinnerungen. In deinem Herzen ist die Erinnerung an dein Leben, an schmerzliche und glückliche Ereignisse von deiner Zeugung bis heute gespeichert. In deinem Herzen hast du Zugang zu allen Erfahrungen deiner Vorfahren, deines Volkes, deiner Rasse, ja, aller Menschen. Dein Herz trägt das Wissen um die Entstehung und Entwicklung des ganzen Universums, der sichtbaren und unsichtbaren Wirklichkeiten. Es weiß um die Entstehung der Materie, der Sterne, Galaxien und Planeten. Es weiß um die Entstehung und Entwicklung allen Lebens, der Pflanzen, Tiere und der Menschen.

---

36 Paul Pearsall, S. 25, und Joseph Chilton Pearce, S. 82 ff.

Höre auf die Stimme deines Herzens, lausche in der Stille der Weisheit deines Herzens. Lass dir und deinem Herzen Zeit.

2. Herzkontemplation

Höre deinen Herzschlag. Spüre ihn in deinem Körper. Nimm wahr, wie dein Körper von Leben durchflutet ist.

Visualisiere nun einen lieben Menschen. Lass dir Zeit, bis er ganz lebendig vor dir erscheint.

Lade das Herz dieses Menschen ein, sich mit deinem Herzen zu verbinden. Lass die Herzkommunikation geschehen. Lass die Herzen zueinander sprechen.

– Stille –

Löse dich von dieser Herzensverbindung. Nimm bewusst Abschied von diesem Menschen.

– Stille –

Visualisiere nun einen Menschen, mit dem du zurzeit Schwierigkeiten hast.

Lade sein Herz ein, sich mit deinem Herzen zu verbinden. Lass auch diese Herzkommunikation geschehen. Nimm wahr, was in dir, in deinem Herzen, deinem Körper und deinen Gefühlen geschieht.

– Stille –

Löse dich von dieser Herzensverbindung und nimm Abschied von diesem Menschen.

– Stille –

Visualisiere ein Tier.

Lade sein Herz ein, sich mit deinem Herzen zu verbinden. Lass die Herzkommunikation zu. Lass dir Zeit.

– Stille –

Löse nun die Herzensverbindung und nimm bewusst Abschied
von diesem Tier.

– Stille –

*Visualisiere einen Gegenstand/ein Ding, wie zum Beispiel
deinen Computer, einen Stein, eine Pflanze, das Meer, den
Planeten Erde, die Sonne oder den Sternenhimmel.*

Lade das Herz dieses Gegenstandes ein, sich mit deinem
Herzen zu verbinden.

– Stille –

Lösen dich von dieser Herzensverbindung und von der
Visualisierung.

– Stille –

Öffne dich für den Herzschlag des Herzens aller Herzen.

Lade das Herz aller Herzen ein, sich mit deinem Herzen zu
verbinden. Lass dein Herz, deinen Körper und deinen Geist in
dieser Herzenskommunikation ruhen. Lass dir Zeit.

– Längere Stille –

Löse dich von der Herzensverbindung und komme in deinem
Rhythmus aus der Entspannung zurück ins Hier und Jetzt.

Notiere deine Erfahrungen und tausche dich aus.

Stärkung der sexuellen Energie

Um in einen lebendigen Kontakt mit der sexuellen Energie zu
kommen, hilft eine einfache Aktivierungsübung.

1. Schließe deine Augen. Spüre in deinen Unterleib und nimm deine Sexualorgane wahr: Klitoris, Vulva, Vagina, Uterus und Ovarien. Nimm einfach an, was sich dir heute zeigt, ohne zu bewerten, zu kontrollieren oder etwas verändern zu wollen. (Vielleicht hilft dir auch, wenn du in einem Anatomielexikon die weiblichen Sexualorgane nachschaust.)

2. Dann sprich deine sexuelle Kraft an und begrüße sie: „Ich grüße dich, heilende, heilige, wilde, Leben spendende und schöpferische Kraft in mir."

3. Wiederhole diesen Gruß und lass ihn in dir nachklingen.

4. Wenn du magst, geh einen Schritt weiter und sprich deine sexuelle Kraft wie folgt an: „Ich würdige und segne dich, heilige Schöpferkraft in mir."
   Spüre nach, wie dein Körper auf diesen Segen reagiert. Vielleicht tauchen auch Bilder und Erinnerungen auf. Welche Gedanken gehen dir durch den Kopf?
   Löse dich langsam aus der Innenorientierung und beende die Meditation in der für dich stimmigen Art und Weise.

Sternenmantelmeditation

Diese Meditation ist eine äußerst wirkungsvolle Schutzmeditation. Sie hilft dir, in Verbindung mit deiner Weiblichkeit (und Männern mit ihrer Männlichkeit) zu bleiben und trotzdem nach außen klar und sicher aufzutreten. Sie stärkt auch das Bewusstsein für deine Verbundenheit mit der Erde und dem Kosmos. Das Wissen, ein einzigartiger Ausdruck des Universums zu sein, wird immer mehr zur Alltagserfahrung.

1. Suche einen ruhigen Ort auf. Lass dich auf deinen Atem ein. Nimm das Ein- und Ausströmen wahr, das Ausdehnen beim Einatmen und das Sichzusammenziehen beim

Ausatmen. Versuch auch für den Moment offen zu sein, in dem dein Atem sich nicht bewegt. Lass deinen Atem sich selber atmen. Nimm deinen Körper von Kopf bis Fuß wahr. Lass dir dazu ausreichend Zeit. Lass deine Aufmerksamkeit von Körperteil zu Körperteil wandern.

2. Stell dir nun vor, dein Körper ist umhüllt von einem mit Sternen übersäten, nachtblauen Mantel aus einem kosmischen Gewebe. Er umhüllt dich feiner als kostbare Seide. Er umspielt deinen Körper von Kopf bis Fuß, hat selbst keinen Anfang und kein Ende. Genieße die zärtliche Berührung.

   Wenn sich die Erfahrung des schützenden, ordnenden Sternenmantels so weit vertieft hat und so vertraut geworden ist, dass du die bergende Hülle auch im Alltag erinnern kannst, geh einen Schritt weiter.

3. Lass die Haut deines Körpers transparent werden. Lass zu, dass das kosmische Sternengewebe auch deinen Körper durchdringen kann. Die Materie deines Körpers darf sich ihres Ursprungs wieder erinnern. Sie ist Sternenstaub, über Milliarden von Jahren und über mehrere Supernovaausbrüche zu dieser Komplexität angewachsen. Die wahre Heimat deines Körpers ist das Universum selbst. Auch dieser Schritt braucht Zeit, bis er sich in Körper, Seele und Geist verankert.

4. Stell dir nun vor, du liegst in einer Sommernacht auf einer Wiese und betrachtest die Milchstraße über dir. Sie dehnt sich wie ein großes Gewölbe von einem Horizont der Erde zum anderen. Öffne dich für das Wunder des Nachthimmels. (Du kannst dies übrigens auch ganz real draußen auf einer Wiese liegend ausprobieren.)

5. Vergegenwärtige dir dann den nachtblauen Sternenmantel in dir. Lass den Nachthimmel über dir und in dir, innen und außen, miteinander verschmelzen.

6. Nimm auch in dieser Meditation wahr, wie dein Körper reagiert, welche Gefühle ausgelöst werden und welche Gedanken sich einstellen. Komme anschließend in deinem Tempo ins Hier und Jetzt zurück.

Herz-Sonnen-Begegnung

Diese meditative Übung bereitet auf die Wanderung der Sonne durch den Körper vor. Behutsam, Schritt für Schritt, wird eine Verbindung zum strahlenden, Leben spendenden Himmelskörper aufgebaut. Es ist wichtig, mit der Sonne in einem selbstverständlichen und natürlichen Kontakt zu stehen.

1. Geh mit deiner Wahrnehmung zu deinem physischen Herzen. Vielleicht kannst du mit dem inneren Auge sehen, wie der Herzmuskel sich bewegt. Vielleicht hörst oder spürst du den Herzschlag.

2. Hülle dein Herz mit einem Lächeln ein und danke ihm, dass es täglich – auch ohne dein bewusstes Dazutun – für dich Blut durch den Körper pumpt.

3. Stell dir nun die strahlende Sonne vor deinem inneren Auge vor. Lade das Herz der Sonne ein, sich mit deinem Herzen zu verbinden.

4. Bleibe eine gewisse Zeit in dieser Herz-Sonnen-Begegnung. Löse dich dann wieder aus dieser Verbindung in einer für dich stimmigen Weise. Kehre anschließend langsam ins Hier und Jetzt zurück.

Sonnenwanderung

Diese Übung ist dann am wirkungsvollsten, wenn die Sonnen-Begegnung zur Selbstverständlichkeit geworden ist. Sie reinigt deine Chakren[37] und öffnet dein Körperbewusstsein für die feineren Schwingungen der sexuellen Energie.

1. Wähle eine für dich passende Einstimmung. Übe dich danach in der Wahrnehmung deines ganzen Körpers, von Kopf bis Fuß.

2. Stell dir vor, dass du dich an einem einzigartig schönen Ort in der Natur befindest. Der Himmel weitet sich über dir. Die Sonne neigt sich dem Horizont zu. Während du sie betrachtest, kommt sie immer näher auf dich zu. Öffne deinen Mund und lass zu, dass die Sonne ihre große Wanderung durch deinen Körper beginnt. Nimm sie in den Mund. Sie leuchtet in deiner Mundhöhle. Keine Angst, es gibt keine äußeren Verbrennungen. Lass sie in deinen Kopf strahlen. Lass die Sonne sich mit dem Stirnchakra und dem Kronenchakra verbinden. Das Sonnenlicht reinigt und heilt die Chakren. Es weckt das in ihnen verborgene Licht und bringt es zum Leuchten.

3. Stell dir nun vor, dass die Sonne langsam nach unten wandert und als Nächstes das Kehlkopfchakra reinigt und heilt. Bleib mit der Wahrnehmung in diesem Chakra, bis du spürst, dass dieses Chakra frei geworden ist und von innen her zu leuchten beginnt.

4. Nun folgen alle darunter liegenden Chakren, das Herz-, Solarplexus-, Gebärmutter- und Beckenbodenchakra.

---

37 Chakren sind Energiezentren des feinstofflichen Körpers. Im Wesentlichen werden sieben Hauptzentren unterschieden. Siehe dazu auch *Das große Praxisbuch der Aura- und Chakra-Arbeit* von Diane von Weltzien.

5. Nimm die Verbindung zwischen den Chakren wahr, verweile in dieser wachen und entspannten Körperwahrnehmung und genieße das Gefühl der inneren Sonnenreinigung. Löse dich dann aus dieser Imagination und bleibe noch eine Weile in der inneren Sammlung.

Gebärmutter – Goldenes Gefäß

Diese Übung stärkt die Mütterlichkeit und liebevolle Zuwendung dir selbst gegenüber. Dein Urvertrauen wird gestärkt. Du darfst dich ganz geborgen wissen.

1. Nimm Verbindung auf mit deiner Gebärmutter. Stell dir vor, wie sie in deinem Unterbauch weich und warm eingebettet ist.

2. Umhülle deine Gebärmutter mit einem Lächeln. Erinnere dich an ein freudvolles Ereignis und umhülle die Gebärmutter mit der Energie der Freude und Dankbarkeit. Lass dir Zeit und nimm wahr, wie die Gebärmutter auf diese Kontaktnahme reagiert.

3. Stell dir vor, dass du in die Gebärmutter hineinschlüpfen kannst. Goldenes, warmes Licht umhüllt dich. Du bist unendlich geschützt und behütet. Du darfst ganz loslassen. Genieße die Geborgenheit und das Aufgehobensein in diesem geschützten hellen Raum.

Diese Meditation ist übrigens auch eine ausgezeichnete Übung, um entspannt einschlafen zu können.

WENN PELE ERWACHT –
die Stimme
der Erde

Nut grüßt Pele

Lilith ist aus freien Stücken aus dem Paradies aufgebrochen, während Eva zur Strafe für ihren Ungehorsam daraus verstoßen wurde. Evas Lebensraum wurde das Wohnhaus und der Garten. Lilith ist eine aus der Gesellschaft Ausgestoßene; sie wandert heimatlos umher oder ist gar in der Unterwelt zu finden. Verbinden sich Lilith und Eva, so verändert sich ihr Lebensraum grundlegend. Der Garten weitet sich dank der Unterwelt zur ganzen Erde. Und Liliths Heimatlosigkeit findet ein Ende. Die beiden Frauen laden uns ein, den Erdengarten als Heimat aller Menschen zu verstehen und mit diesem eine vertraute, liebevolle Beziehung einzugehen. In diesem Prozess wird ein weiterer Archetyp lebendig, jener der Erd-Urmutter. In schamanisch geprägten Kulturen gehört(e) die tiefe Verbundenheit mit der Natur, mit den Bergen, Felsen, Tieren und Bäumen zur Alltagserfahrung. Ein Gebet der ehemals in Kalifornien ansässigen Yokut-Indianer bringt diese Weisheit wunderbar zum Ausdruck:

> „Helft mir! Meine Worte sind verbunden zu Einem: mit den großen Bergen, mit den großen Felsen, mit den großen Bäumen. Eins sind sie mit meinem Körper und mit meinem Herzen. Helft mir mit übernatürlichen Kräften. Und du, Tag, und du, Nacht. Ihr alle seht mich – eins mit der Welt!"

In den vergangenen Jahrhunderten ist durch die Industrialisierung und den Vormarsch der Technologisierung unserer Arbeits- und Alltagswelt die natürliche und selbstverständliche Verbundenheit mit der Mitwelt immer mehr verloren gegangen. Das hat unter anderem zur Folge, dass wir zunehmend mit einem 24/7-Takt leben, also rund um die Uhr verfügbar sein sollen oder meinen, es sein zu müssen. Die natürlichen Rhythmen werden überlistet und ausmanövriert, was für Körper und Geist auf die Dauer eine äußerst schädliche Wirkung hat. Selbstverständlich lässt sich das Rad dieser Entwicklung nicht zurückdrehen. Es geht vielmehr darum, auch in dieser Hinsicht Neues zu entdecken und zu lernen. Der Kontakt mit dem Archetyp der Großen Mutter, die aus der Fülle gibt und nimmt, könnte uns darin inspirieren.

Pele ist Wegbereiterin für die Erfahrung der Verbundenheit mit allem Lebendigen. In der polynesischen Tradition ist sie eine Tochter der Urmutter. Sie verkörpert als feurige Göttin der Vulkane Hawaiis einen zentralen Aspekt der weiblichen Urkraft und Weisheit, nämlich die tiefe Verbindung von Geburt und Tod, von Geben und Nehmen im Kontinuum des Lebens (siehe Abb. 5 im Bildteil). Treten wir in Verbindung mit Pele, so werden wir in diese Erfahrung und Erkenntnis ganz selbstverständlich eingeweiht.

Schon länger wusste ich um die Vulkangöttin. Wieder einmal zeigte sich, dass das Wissen um eine Sache das eine ist und die direkte Erfahrung etwas ganz anderes. Wenn die Erfahrung durch das Wissen durchbricht, erkennen wir völlig neu. Machtvoll, gebieterisch und unerwartet trat Pele in mein Bewusstseinsfeld, als ich mit Nut und der Sonnengeburt aus ihrem Schoß beschäftigt war.[38] Die Bilder, die mir damals geschenkt wurden, ließen mich mit Fragen zurück wie: Was hat die Sonnengeburt mit fließender Lava zu tun? Welche Botschaft gab mir Nut?

Seit Jahren weiß ich um die geheimnisvolle Verbindung der Gebärmutter mit dem feurigen Erdkern. Interessanterweise nehmen Wissenschaftler an, dass die Temperatur des innersten Kerns der Erde in etwa der Temperatur auf der Oberfläche der Sonne entspricht;[39] so ist sozusagen Sonnenatmosphäre im festen innersten Erdkern – und in der Entsprechung auch Sonnenenergie in der Gebärmutter – zu finden. Es schien mir, als wolle mich die erhabene Himmelsgöttin zu einer leidenschaftlichen, den Menschen

---

38 Vgl. dazu im vorherigen Kapitel über die Göttin Nut das Unterkapitel zu Nut und Pele.
39 Vgl. Robert und Barbara Decker, *Volcano Watching*, S. 35, und Carl Sagan, *Unser Kosmos*.

nahestehenden Erdgöttin führen. Von ihr sollte ich offensichtlich weiter in weibliche Geheimnisse eingeweiht werden.

Die weiter oben erwähnte Entsprechung meiner inneren Bilder von jenem Wochenende in den Bergen mit den Bildern im Film über den pazifischen Feuerring, insbesondere von Big Island, brachten mich auf den Weg. Die Zeichen konnten nicht stärker sein. Ich „musste" nach Hawaii. Schon Monate zuvor hatte ich den Impuls, Hawaii zu besuchen, um die alte Kultur und insbesondere den sakralen Hulatanz zu studieren. Wegen des langen Flugs hatte ich mich damals jedoch noch gegen eine solche Reise entschieden. Doch jetzt war alles anders. Die Vulkangöttin Pele rief mich eindringlich, lud mich auf geheimnisvolle Weise ein, von ihr zu lernen. Im Vertrauen auf die innere Führung brach ich Monate später Richtung Westen auf.

Auf dem Weg nach Hawaii besuchte ich zuvor noch in den USA ein befreundetes Paar, einen Zen-Meister und eine Zen-Lehrerin. Die Begegnung mit Shinko bereitete mich unerwarteterweise auf die Götterwelt Hawaiis vor. Sie erzählte, dass sich etwas in ihr an eine tibetische Bön-Praxis[40] erinnert, ohne dass sie je eine formelle Schulung bei einem Rinpoche[41] durchlaufen habe. Sie ist der Überzeugung, dass diese Praxis von Frauen vor Tausenden von Jahren entwickelt und im Patriarchat von Männern gehütet wurde. Mit leidenschaftlicher Hingabe widmet sie sich neben dem Zazen dieser alten meditativen Tradition.[42] Durch das Singen von Mantras und durch Visualisierungsübungen wird die Göttin des Feuers, des Wassers, des Windes, der Erde und des Raumes im eigenen Körper und in der Seele vergegenwärtigt. Der zweitägige Workshop, an dem ich dort teilnahm, erfüllte mich mit tiefer Ruhe und mit Vorfreude auf die Begegnung mit Pele, der gebieterischen Göttin des Feuers.

---

40 Bön war bis zum 8. Jahrhundert n. Chr. die vorherrschende Religion in Tibet. Sie ist reich an Mythen und magischen Praktiken und wurde allerdings vom Buddhismus mehr und mehr verdrängt. Im letzten Jahrhundert gewann sie neue Anerkennung als eine der fünf Schulen des tibetischen Buddhismus.

41 Rinpoche ist ein tibetischer Ehrentitel für einen spirituellen Lehrer und Meister.

42 Tenzin W. Rinpoche, *Die heilende Kraft des Buddhismus*.

Polynesische Genesis

Auf Big Island angekommen, fuhren wir bereits am ersten Tag die Küstenstraße entlang Richtung Kalapana, einem Dorf, das vor ein paar Jahren zur Hälfte unter einem Lavastrom begraben worden war. Lianen hingen von den mächtigen Schraubenbäumen. Ihre Äste bildeten ein gewaltiges Blätterdach, einem Tunnel gleich. Manchmal gab das Urwalddickicht den Blick frei auf das türkisblaue Meer. Doch dann veränderte sich die Landschaft urplötzlich. Da waren keine Bäume mehr, nur noch schwarzes Lavagestein links und rechts der Straße. Wir fuhren mitten durch einen erkalteten Lavastrom, den Haarschmuck von Pele.

Big Island, die jüngste der hawaiischen Inseln, ist vor 700.000 Jahren Peles Heimat geworden.[43] In Mythen und Legenden wird ihre abenteuerliche Reise von Tahiti zu den hawaiischen Inseln beschrieben, eine Reise, die vor ca. vier Millionen Jahren begann, als die Insel Kauai entstand. Wer ist diese uralte Dame, die ewig jung geblieben ist und in Sagen und Kunstwerken als zauberhaft schöne, junge Frau mit langem mal schwarzem, mal feurig rotem Haar dargestellt wird?

Die polynesische Schöpfungsgeschichte[44] ist reich an dramatischen Gestalten, und Pele ist eine davon. Sie ist Tochter von Haumea, dem höchsten weiblichen Geist. Haumea wird als Patronin der Fruchtbarkeit und der weiblichen Arbeit verehrt. Unter dem Namen Lai'il'i ist Haumea, genau wie Eva, Mutter der Menschheit. Der Beginn der polynesischen Schöpfungsgeschichte erinnert an den alttestamentlichen Schöpfungsbericht. Im Uranfang war Dunkelheit, ein grenzenlos formloses schwarzes Nichts. In dieser Leere tauchte ein Gedanke auf, eine Intelligenz, die durch Äonen von Dunkelheit, über eine unermessliche Zeit hinweg und in einem immensen Raum brütete. In dieser Dunkelheit wurde die Gebärmutter der Erdenmutter geschaffen, von den

---

43 Robert und Barbara Decker, *Volcano Watching*, S. 40.
44 Herb Kawainui Kane, *Pele*, S. 10 ff.

Ureinwohnern „Papa" genannt. Auch das Licht wurde erschaffen, als Licht des Himmels mit dem Namen Vater Wakea. In einer Umarmung durchdrang das männliche Licht die weibliche Dunkelheit. Aus der Vereinigung dieser Gegensätze entstand das Universum mit all seinen Formen und Geschöpfen. Ohne väterlich kraftvolles Licht und mütterlich bergende Dunkelheit gibt es kein Sein, kein Leben und keine Entwicklung.

In dieses Universum der dynamischen Gegensätze wurden Göttinnen und Götter geboren. Als höchster und erstgeborener Gott gilt Kane. Nach ihm wurden weitere männliche Gottheiten erschaffen: die Götter des Meeres, der männlichen Arbeit, der Landwirtschaft und der Heilung. Die weibliche Gottheit Haumea[45] gehört auch in diesen Kreis. Göttinnen und Götter sind Ahnen alles Geschaffenen. In diesem Welt- und Menschenbild sind Mensch und Natur aufs Innigste verbunden, ja gar verwandt. Wir sind Geschwister der Steine, des Windes, der Wellen, der Bäume, der Sterne – alles Seienden.

Um die ersten Götterkinder ranken sich viele dramatische und leidenschaftliche Geschichten. Pele, auf Tahiti geboren, wurde von einer älteren Schwester vertrieben. Pele hatte den Ehemann von Na-maka-o-Kaha'i, der Göttin des Meeres und des Wassers, verführt. Pele musste fliehen, aber auch auf der Flucht war sie nicht sicher vor der Rache ihrer Schwester. Sie suchte einen Ort, wo ihr heiliges Feuer geschützt war vor den Wassern der eifersüchtigen Schwester. Nacheinander versuchte Pele, sich an verschiedenen Plätzen auf der Perlenkette der Inseln Hawaiis ein Heim zu graben, aber vergebens. Die Wasser ihrer Schwester waren immer stärker, brachten das Feuer im Vulkan jeweils zum Verlöschen, bis auf Maui der Geschwisterkampf ein Ende nahm. Pele verlor den Kampf und starb. Ihre sterblichen Überreste, die Knochen, bilden dort einen Hügel, der Ka-iwi-o-Pele genannt wird. Mit ihrem Tod löste sich ihr Geist von ihrem Körper, und sie bekam den Status einer Göttin. Pele flog nach Big Island und fand

---

45 Ebd.

endlich ein permanentes Heim auf Mauna Loa, dem massivsten und größten aktiven Vulkan der Erde. Seine „Talsohle" liegt in den Tiefen des Meeresgrundes.

Zu dieser Geschichte der ungleichen Schwestern gibt es heute eine wissenschaftliche Erklärung, die nüchterner, aber nicht weniger dramatisch ist.[46] Die pazifische Kontinentalplatte, die dort den Meeresboden bildet, driftet schneller nach Norden als die darunterliegende Erdschicht, in der ein „Hot Spot", ein aktiver Vulkan, Magma aus dem Erdinneren presst. So entstanden die insgesamt 137 Hawaii-Inseln, eine Perlenkette mit einem sagenhaften Alter von vierzig Millionen Jahren. Die älteste Insel heißt Kure und liegt im äußersten Nordwesten des Archipels. Die jüngste Insel, Lo'ihi, wartet noch unter dem Meeresspiegel südöstlich von Big Island auf ihr Auftauchen aus dem Meer.

Doch zurück zur polynesischen Schöpfungsgeschichte. Sie hat große Parallelen zur jüdisch-christlichen Genesis. Das Alte Testament beginnt mit folgenden Sätzen:

> „Im Anfang schuf Gott Himmel und Erde; die Erde aber war wüst und wirr, Finsternis lag über der Urflut und Gottes Geist schwebte über dem Wasser. Gott sprach: Es werde Licht. Und es wurde Licht. Gott sah, dass das Licht gut war. Gott schied das Licht von der Finsternis und Gott nannte das Licht Tag und die Finsternis nannte er Nacht. Es wurde Abend und es wurde Morgen: erster Tag." (Genesis 1, 1–5)

Himmel und Erde, Dunkelheit und Licht stehen am Uranfang. Danach folgt in beiden Geschichten die Erschaffung der Pflanzen und Tiere und schließlich des Menschen. In der Mythologie Hawaiis bricht erst damit der Tag an. Auch hier findet ein Geschwisterkampf statt, einer unter Frauen, nämlich zwischen den beiden Schwestern Wasser und Feuer. Anders jedoch als in der uns bekannten Geschichte von Kain und Abel, die im Untergrund der

---

46 Siehe dazu auch: Robert und Barbara Decker, *Volcano Watching*, S. 11 und 19, und *Lonely Planet – Hawaii*, S. 638 f.

menschlichen Seele ihren Rivalitätskampf weiterführen, leben Peles Geist und der ihrer Schwester Na-maka-o im Bewusstsein der Bewohner von Hawaii wach und klar weiter. Auch heute noch.

Und eine weitere Parallele habe ich gefunden. Gott übergibt Mose auf dem Berg Horeb Gesetzestafeln, die das gerechte und friedliche Zusammenleben der Menschen regeln. Auf der anderen Seite der Erdkugel wohnt die göttliche Pele auf einem Berg. Sie „spricht" machtvoll zu den Menschen. Ihre Gesetze sind in ihre Namen eingeschrieben und erinnern uns an altes, weibliches Weisheitswissen, das uns heute anregen kann zu einer Beziehungs- und Dialogkultur, die dem Leben dient.

Peles Namen

Pele hat drei Namen, eigentlich sogar vier[47]: *Pele-honua-mea, Pele-'ai-honua, Ka-'ula-o-ke-ahi, Tutu Pele.* Die ersten drei bringen Aspekte ihres Wesens zum Ausdruck, während der vierte ein Kosename ist und ihre Beziehung zu den Menschen spiegelt. *Pele-honua-mea,* ihr erster Name, bedeutet „Pele vom heiligen Land". Sie gebiert mit gewaltiger Kraft neues Land. Der Boden, den sie schenkt, ist fruchtbar und damit heilig. Bei einem Vulkanausbruch kann es vorkommen, dass Material aus großer Tiefe, aus dem flüssigen Erdkern, sozusagen aus der Herzmitte der Erde, ausgestoßen wird. Innerstes wird nach außen gekehrt und damit entsteht neuer Boden, Neu-Land. Pele-honua-mea kann uns inspirieren, unsere Innenwelt mit anderen zu teilen, ein erster wichtiger Impuls für eine Dialogkultur, die persönliches Wachstum fördert und Beziehungen stärkt. Fruchtbarer Boden in der Beziehung entsteht, wenn wir diesen Austausch im Bewusstsein pflegen, heiligen Boden zu betreten. Beim Betreten des heiligen Bodens werden Waffen, äußere wie innere, und die Stimme der inneren Kritikerin, der Arroganz und Abwertung, abgelegt. Auch

---

47 Herb Kawainui Kane, *Pele,* S. 5 f.

destruktive Gefühle wie Zorn, Wut und Gehässigkeit werden umgepolt und die dahinterliegenden Bedürfnisse und Verletzungen gesucht, um sie in die Beziehung einzubringen. Dann öffnet sich zwischen den Beteiligten ein Bewusstseinsraum von nichtwertendem, absichtslosem Gewahrsein. Seelen berühren sich. Freude an- und miteinander, Leichtigkeit und eine überschäumende Kreativität werden lebendig. Treffen Frauen sich in diesem Raum, dann berichten sie fast einhellig, dass ein altes, über eine lange Zeit verschollen gebliebenes Land wieder auftaucht und sie sich in einem Frauenland wiederfinden. Dieses Gebiet ist frei von Rivalität und Zickenkrieg. Die Atmosphäre ist geprägt von heiterer Hochachtung und Freude an der wilden Schönheit der anderen Frauen.

Pele-'ai-honua bezeichnet „Pele, die Land verschlingt". So ist sie, wenn sie mit ihrem Feuer Wälder, Sandstrände und ganze Dörfer zerstört und diese mit unberechenbaren, heißen Lavaströmen nach und nach überflutet. Mit ihrem zweiten Namen erinnert Pele an die dunkle Seite von weiblichen Muttergottheiten. Bis heute wird Kali in Indien als hinduistische Göttin des Todes und der Zerstörung verehrt.[48] Ereschkigal aus Mesopotamien gehört bereits einer vergangenen, sumerischen Kultur an.[49] Diese beiden Herrinnen der Unterwelt haben die Macht zu zerstören und zu töten, aber auch zu erneuern und zum Leben zu erwecken. Ihre zerstörerische Kraft endet nie in der Vernichtung. Indem sie nehmen, erschaffen sie, und indem sie erschaffen, nehmen sie. Sie gebären in der Zerstörung Neues. So sind sie göttliche Hüterinnen von Tod und Geburt, den geheimnisvollen Toren der Transformation im Kontinuum des Lebens. Leben ist ohne Anfang und Ende, ein ewiger Strom von sich wandelnden Formen und Gestalten. Pele-'ai-honua ruft uns ins Gedächtnis, dass jede Gestalt und Form zerbrechlich und endlich ist. Solange wir an äußeren Formen, an unserem Körper, an Funktionen und Rollen, an Besitz

---

48 Siehe dazu auch: Ulla Janascheck und Cambra Maria Skadé, *Göttinnenzyklus*, S. 71 ff.
49 Sylvia Brinton Perera, *Der Weg zur Göttin der Tiefe*.

und Beziehungen anhaften und nicht bereit sind zuzulassen, dass die Form sich gelegentlich verändert oder auch bricht, werden wir letztlich nicht glücklich. Wir „müssen" von Zeit zu Zeit aufgebrochen werden, damit die gestaltlose Tiefe und Schönheit der Lebenskraft im Brechen aufstrahlen kann. Leonhard Cohen bringt diese Weisheit in einem Liedrefrain auf den Punkt, wenn er singt: *„Forget your perfect offering. There is a crack in everything. That's how the light gets in."* Auch in den kunstvoll reparierten Keramikgefäßen Japans, den Kintsukuroi, leuchtet die Weisheit von Pele-'ai-honua auf. Die einzelnen Scherben werden mit Silber- oder Goldlack sichtbar zusammengesetzt. Das geflickte Gefäß wird erst dadurch richtig kostbar und formvollendet. Die weibliche Weisheit, die auf Hawaii den Namen Pele-'ai-honua erhalten hat, weiß, dass jeder noch so schmerzliche Zusammenbruch, jedes Scheitern nicht das Letzte ist. Im Gebrochen-Werden kann das Licht durchscheinen. Übertragen auf die Beziehungskultur können wir von Pele-'ai-honua zweierlei lernen: Soll eine Beziehung lebendig bleiben, muss sie sich gelegentlich verändern, müssen wir Vertrautes loslassen, damit die Beziehung nicht verstaubt und einfach nur bequem wird. Diese Transformation steht besonders dann an, wenn unsere Unvollkommenheit, unsere Schwächen und Grenzen uns selbst, aber auch unsere Freundschafts- oder auch Arbeitsbeziehungen belasten. Pele-'ai-honua lädt uns ein, uns mit großem Vertrauen auf diesen Wandlungsprozess einzulassen. Und wenn wir außerdem lernen, uns in unserer Verschiedenheit einander zu zeigen und dann auch noch bereit sind, voneinander zu lernen, können wir neu zueinanderfinden und die Beziehung gewinnt an Tiefe und Glanz. Damit sind wir beim dritten Namen von Pele angekommen.

Peles dritter Name, *Ka-'ula-o-ke-ahi,* ist ihr heiliger Name, und dieser bedeutet „der Geist der leuchtenden Röte des Feuers". Sie ist Lichtträgerin, sie leuchtet in der Kraft der Erdmitte. Ka-'ula-o-ke-ahi erinnert uns daran, dass in unserer inneren Mitte eine große, heilige Kraft lebendig ist. Sie strahlt in der Dunkelheit jeder Nacht, trägt uns durch Schwierigkeiten, Not, Ängste und Gefahren. Verlieren wir uns im Multitasking, einer Stärke und gleichzeitig Schwäche von vielen Frauen, kann Ka-'ula-o-ke-ahi nicht lebendig werden. Damit wir dieser Geistkraft gewahr werden, braucht es Zeiten der Stille, der inneren Sammlung und des Allein-Seins – der Begegnung mit unserer eigenen Tiefe.

Peles vierter Name schließlich deutet eine liebevolle Beziehung an. Sie wird von den Bewohnern der Insel auch *Tutu Pele* genannt, so wie auch Großeltern auf Big Island herzlich Tutu gerufen werden. Diese Verehrung für Pele geht sehr weit. So sagte ein Bewohner der hawaiianischen Stadt Kalapana in einem Interview, als er all seine Habe vor der nahenden Lava und der drohenden Zerstörung rettete: „Ich liebe mein Haus. Ich habe hier mein ganzes Leben verbracht, und meine Familie lebt hier seit Generationen. Aber wenn Tutu es nehmen will. Es ist ihr Land."[50]

Die Aussage dieses Mannes steht in einem krassen Gegensatz zur Einladung Gottes an die Menschen, von der uns in der Genesis berichtet wird: „Macht euch die Erde untertan …" Diese Aufforderung haben wir in der westlichen Zivilisation in den letzten Jahrhunderten äußerst ernst genommen und letztlich deren biblischen Sinn pervertiert. Denn dort war mit dieser Aufforderung gemeint, wie ein guter Gärtner für das anvertraute Land zu sorgen, es zu pflegen. Die Folgen der missbräuchlichen Beherrschung der Erde sind unübersehbar: Verschmutzung von Meeren, Seen und Flüssen, Vergiftung von Ackerland, Erosion von fruchtbarer Erde, Luftverschmutzung und Krieg um die Ressourcen der Erde. Wer einmal auf einem noch warmen Lavafeld stundenlang gewandert ist, dort, wo vor einigen Wochen noch ein Urwald stand, wer dem unaufhaltsamen Fließen von glühender Lava zugesehen hat, der versteht die Aussage des Bewohners von Kalapana. Ich ahne, dass unser Umgang mit der Natur sich radikal verändern würde, wenn wir den Satz aus der Genesis „Macht euch die Erde untertan" ergänzten durch: „… und wisset, die Erde

50 Herb Kawainui Kane, *Pele,* S. 7.

gehört sich selbst." Wer Pele begegnet, wird eingeladen, sich auf dieses neue Erdbewusstsein einzulassen.

Namen sind Programme, auch diejenigen von Pele. Pele hat die Macht, Land zu zerstören und neues Land zu schaffen. Geben und Nehmen sind bei ihr im Gleichgewicht. Wenn ich an die heutige Situation des Umgangs der Menschen mit der Mit- und Umwelt denke, dann erlebe ich uns einseitig besessen von einem Aspekt Peles, ihrer besitzergreifenden Kraft. Wir beuten die Ressourcen der Erde wie Kohle, Öl und Gas aus. Auch Menschen werden ausgebeutet. Ja, wir beuten uns auch selber aus, wenn wir über unsere Grenzen hinaus arbeiten und uns im Hamsterrad des Machens und Tuns verlieren. Weil wir die Macht des Sich-Beschränkens vernachlässigen, sind unser Ökosystem und unser menschliches Zusammenleben weltweit bedroht. Nicht von ungefähr heißt eine der modernen Krankheiten in der westlichen Zivilisation „Burnout". Die Betroffenen erleben sich als ausgebrannt, kraftlos, gelähmt und abgeschnitten von erholsamen Energiequellen.

Pele zeigt uns, dass es auch anders gehen kann. Sie ist Hüterin des heiligen Feuers. Ihr Lebensprogramm heißt: „Burn-for", also Brennen für etwas. Nachdem sie das Land ihrer Kindheit verlassen hatte, war sie lange unterwegs gewesen, bis sie einen sicheren Ort gefunden hatte, einsam, auf einem hohen Berg. Auch wir haben Kraftorte in unserem Körper, in denen heiliges Feuer brennt. Es ist Zeit, dass wir diese Quellen in uns kennenlernen, sie aktivieren und hüten. Dazu brauchen wir so etwas wie die Bergeinsamkeit Peles. Das bedeutet nicht unbedingt, dass wir uns für eine lange Zeit zurückziehen müssen. Stille und Alleinsein können wir auch im Alltag finden. Vielleicht haben wir Frauen sogar einen einfacheren Zugang zu den göttlichen Lichtquellen in uns, der weiß-goldenen in unserem Herzen und der gold-roten in unserer Gebärmutter. Werden diese Lichtquellen in unserem Alltagsbewusstsein präsent, kommen Geben und Nehmen wieder neu ins dynamische Gleichgewicht.

Pele und ihre Geschwister

Wer Pele kennenlernt, wird mit der Zeit auch vertraut mit ihren Geschwistern. Von Peles Schwester Na-maka-o haben wir bereits gehört. Die Flucht vor ihrer Rache wurde für Pele schlussendlich zum Segen. Mit dem Tod ihres sterblichen Selbst wurde sie so frei, dass sie Heimat finden konnte in einer Höhe, wo sie die Wasser des Meeres nicht mehr überfluten konnten.

Eine Deutung dieser Geschichte ist einfach: Wir Frauen verlieren das heilige Feuer, wenn wir uns in Rivalitätskämpfen und Eifersüchteleien verstricken. Wir erkalten innerlich und werden hart. Rivalität und Neid als natürliche, menschliche Regungen in sich wahrzunehmen und anzunehmen gehört zur Entwicklung und Reifung jeder Frau. Erst wenn die Tendenz, mit anderen Frauen im Wettbewerb zu stehen, in uns transformiert wird, finden wir Heimat in der Tiefe unseres Selbst, beginnt das heilige Feuer in uns wieder zu leuchten.

Pele hatte auch Brüder, die für sie und ihre Entwicklung bedeutungsvoll waren.[51] Der wichtigste war der älteste Sohn Haumeas, Ka-moho-ali'i. Er erscheint in verschiedenen Gestalten: als Mann mit tätowierten schwarzen Händen, als großer Haifisch oder gar als König der Haifische. Sein Wohnsitz ist eine tiefe Grube am östlichsten Rande der Welt, dort, wo die Sonne aufgeht. Er trägt eine Kürbisflasche mit sich, die mit Lebenswasser gefüllt ist, Wasser, das die Toten wieder zum Leben erwecken kann. In dieser Fähigkeit erinnert er an die männliche Gottheit Schu in der ägyptischen Mythologie, dessen Name „Leben" bedeutet. Zweimal spielt Ka-moho im Leben von Pele eine bedeutende Rolle. Auf ihrer Flucht von Tahiti ist er ihr behütender und beschützender Begleiter. Und in einem tödlich endenden Rivalitätskampf wird er zum Retter seiner Schwestern.

Diese tragische Geschichte führt uns zu einer weiteren Schwester, Hi'iaka, der Göttin des Tanzes. Die Beziehung zwischen diesen

---

51 Ebd., S. 14 f.

Geschwistern kann für uns Frauen lehrreich sein. Es gibt zwei Versionen, wie die jüngere Schwester nach Hawaii kam. Die erste wird so erzählt: Hi'iaka ist eine aus einem Ei geborene Tochter von Kanae und Haumea. Pele trägt dieses Ei behutsam und beschützend in ihrem Herzen auf der Reise von Tahiti über die stürmische See nach Hawaii. Dort angekommen beginnt Hi'iaka zu tanzen. In einer zweiten Erzählung folgt Hi'iaka ihrer großen Schwester erst, als diese einen permanenten Heimatort auf Mauna Loa gefunden hat. Beim ersten Wiedersehen ist die jüngere entsetzt über die Transformation, die in der älteren stattgefunden hat. Diese ist eine gewalttätige, heißblütige Herrscherin geworden. Deshalb entscheidet sie, nicht mit ihrer Schwester im mächtigen Vulkankrater zusammenzuleben, sondern zieht es vor, in einem erkalteten Lavastrom zu siedeln, der bereits mit Bäumen und Blumen üppig überwachsen ist.

Peles beschützender Umgang mit Hi'iaka in deren Kindheit und Jugend inspirierte mich zu einem konstruktiven Umgang mit weiblicher Leidenschaft und Kraft. Viele Frauen haben Angst vor ihrer inneren weiblichen Stärke, haben Angst, nicht angenommen, gedemütigt oder ausgestoßen zu werden. Eine der unfruchtbaren, destruktiven Strategien, damit umzugehen, ist, sich selber kleinzumachen, innerlich immer auf der Bremse zu stehen und sich nicht zu zeigen. Eine andere, ebenso glücklose Haltung ist, nicht mehr an der eigenen inneren Entwicklung arbeiten zu wollen. Ich habe mich in den letzten Jahren oft gefragt, wie wir Frauen in unserer Kraft bleiben können, ohne uns selbst oder dem Gegenüber Angst zu machen. Pele und Hi'iaka haben eine Antwort: Die Ältere, Stärkere hütet die jüngere, weniger Kraftvolle liebevoll, wiegend und beschützend in ihrem Herzen. Pele verliert nicht an Kraft. Im Gegenteil, die Unbändigkeit, das Ungestüme, Überfahrende und Zerstörerische wird gebändigt, indem sie sich in ihrem Herzen öffnet für die Zerbrechlichkeit der Schwester. Im Herzen berühren sich die Gegensätze, heben sich nicht auf, sondern finden zur Ergänzung.

Die Geschichte zwischen den beiden Frauen ist noch nicht zu Ende. Im Laufe des Lebens verliert Pele in der Beziehung zu Hi'iaka die mütterlich fürsorgende Seite. Als die Jüngere zu einer schönen Frau erblüht, wird sie zu Peles Rivalin.

Peles Liebesleben

Pele hat viele menschliche, viele frauliche Züge. Sie ist leidenschaftlich, wild, zerstörerisch und fruchtbar. Ihr Liebesleben ist entsprechend turbulent. In verschiedenen Mythen und Legenden wird darüber berichtet. Erst versucht sie, ihrer Schwester den Ehemann auszuspannen. Daraus entsteht ein tödlicher Kampf zwischen den Wassern des Meeres und dem Feuer der Vulkane. Auf Big Island angekommen, wartet auf sie eine in ihrer Schönheit äußerst attraktive Rivalin, Poliahu, die Göttin der schneebedeckten Berge. Diesen Kampf verliert Pele. Sinnbildlich zeigt sich dies auf Mauna Kea, dem höchsten der Vulkanberge auf Hawaii. Es liegt dort öfter Schnee, und er gilt als erloschen.

Auch im zweiten Kampf zieht Pele den Kürzeren. Sie verliert dabei nicht nur ihren Liebsten, sondern dazu auch ihre Lieblingsschwester. Die Geschichte[52] mutet an wie eine moderne Lovestory und geht so: Pele, in ihrer Fähigkeit, als Geist zu reisen und jede Form anzunehmen, verliebt sich bei einem Fest auf Kaua'i in den jungen Häuptling Lohi'au. Sie kann jedoch nicht bei ihm bleiben, sondern muss zurück auf ihre Heimatinsel. Die jüngste Schwester ist bereit, Lohi'au zu ihr zu bringen. Um sich abzusichern, geben sich die beiden ein Versprechen: Pele darf die blühenden Bäume und Hi'iakas liebste Freundin nicht zerstören. Diese verspricht ihrerseits, Lohi'au nicht für sich zu gewinnen und rechtzeitig zurück zu sein. Auf der Hinreise zum jungen Häuptling ist sie geschützt durch die Zauberkräfte, die Pele ihr mitgegeben hat. Da die Rückreise viel länger dauert als erwartet, verliert Pele das

52 Ebd., S. 23 ff.

Vertrauen, und sie zerstört aus Eifersucht den Lebensraum und mit ihm auch die Freundin ihrer Schwester. Obwohl Hi'iaka sich zum schönen Häuptling hingezogen fühlte, hielt sie ihr Versprechen. Als sie aber die Zerstörung sieht, die Pele in ihrer Wut und in ihrem Zorn angerichtet hat, flieht sie in ihrem Schmerz vor den Augen ihrer Schwester in die Arme von Lohi'au. Das hat böse Folgen. Pele tötet den Häuptling mit ihrem Feuer. Doch sein verwirrter Geist wird vom ältesten Bruder auf dem Meer gefunden, nach Big Island zurückgebracht und dort wieder mit dem Körper verbunden. Die beiden Liebenden kehren anschließend nach Kaua'i nach Hause und lassen Pele allein zurück.

In der polynesischen Weltsicht hat jede Form eine polare Entsprechung, so auch Pele. Ihr männliches Gegenüber ist Kamapua'a, der Schwein-Mann und Halbgott. Er bevorzugt das feuchte, warme Klima auf der Ostseite der Insel, die üppigen Wälder, in denen die Schweine den Erdboden pflügten. Wie Pele hat auch er ein bewegtes Liebesleben. Als er die schöne Wilde einmal aus der Ferne erblickt, verliebt er sich in sie. Seine Avancen weist sie jedoch wiederholt zurück. So entsteht zwischen den beiden ein regelrechter Krieg. Diese Auseinandersetzungen üben auf Pele eine besondere Magie aus. Sie verliebt sich in ihn. Da die beiden zu unterschiedlich in ihrem Wesen sind, halten sie aber die gemeinsame Nähe nie lange aus. Für die Inselbewohner ist dieses Paar von großer Bedeutung, denn aus ihrer Beziehung stammt ein Kind, das zum Urvater aller Häuptlinge auf Hawaii wird. Es wird erzählt, dass Kamapua'a der Auseinandersetzung müde wurde und sich auf eine andere Insel absetzte. Hawaii lebt von den beiden gegensätzlichen Kräften, von Pele, die mit ihrer Lava Land schafft, und von Kamapua'a, der mit Regenwetter, Samen und dem kraftvollen Durchwühlen der Lava den Boden fruchtbar macht.

Pele ist in ihrem Leben wie Lilith ohne festen Partner geblieben. Sie ist jedoch keine Ausgestoßene, vielmehr hält sie einen Ehrenplatz in der menschlichen Gemeinschaft als Ahnfrau der herrschenden Klasse auf Hawaii.

Götter und Göttinnen

Lange habe ich mich dagegen gesträubt, mich auf eine polytheistische Weltsicht einzulassen. Ich war zu sehr geprägt vom christlichen Glaubensbekenntnis: „Ich glaube an Gott, den Vater, den Allmächtigen, den Schöpfer des Himmels und der Erde. Und an Jesus Christus, seinen eingeborenen Sohn, unsern Herrn ..." In diesem Gottesbild haben Götter und Göttinnen keinen Platz. Ich war überzeugt, dass die polytheistischen Gottesvorstellungen aus einer früheren, primitiveren Zeit der Menschheit stammen und deshalb für mich und für die heutige Zeit nicht mehr von Bedeutung sein können. Welche Überheblichkeit! Sie sollte erste Kratzer erhalten, als ich 1995 begann, mich mit Engeln und Lichtwesen zu beschäftigen.[53] Alfons Rosenberg zeigt in seinem bedeutenden Buch über Engel und Dämonen[54] auf, dass in monotheistischen Religionen Engelwesen auftreten, während diese in polytheistischen kaum vorkommen. Seine These fand ich interessant und irgendwie einleuchtend. Sie lautet in etwa so: In monotheistischen Traditionen werden die Geistwesen und kosmischen Lichtkräfte als Engel bezeichnet, in polytheistischen Religionen werden diese Kräfte und Wesenheiten hingegen als Götter und Göttinnen verehrt.

Auf dem Weg des Zen-Buddhismus wurde ich schließlich mit einer spirituellen Praxis konfrontiert, die die radikale Loslösung von Bildern und Begriffen lehrt. Meine Konzepte über Gott und die Welt brachen mit der Zeit in sich zusammen und tun es immer noch. Obwohl im Zen jede Frage nach Gott offen bleibt und beispielsweise mit „Welch ein schöner Tag" kommentiert wird, kennt auch die buddhistische Philosophie einen himmlischen Daseinsbereich, den Wohnort der Götter. Selbst Buddha, so wird in einer berühmten Zen-Geschichte berichtet, trifft sich

53 Anna Gamma, *Lichtheilung als Weg zum Frieden.*
54 Alfons Rosenberg, *Engel und Dämonen*, S. 13.

ab und zu im Himmel mit anderen Buddhas.[55] Je besser ich die Vielfalt der Anschauungen über die letzte Wirklichkeit und die Entstehung und Entfaltung des Universums kennenlerne und je tiefer ich Fragen dazu stelle, was die Welt im Innersten zusammenhält, desto wichtiger ist mir ein Grundsatz des interreligiösen Erfahrungsdialogs, den ich bereits seit über dreißig Jahren praktiziere, geworden: In den Unterschieden der verschiedenen religiösen Traditionen liegt eine großartige Möglichkeit der Ergänzung und des Voneinander-Lernens.

In dieser Haltung habe ich mich auf die polynesische Götterwelt eingelassen und wurde mit jedem Tag mehr und mehr berührt. Soweit ich sie bis jetzt kenne, verkörpern die meisten Götter und Göttinnen Naturkräfte. Sie stammen wie die Menschen von den Ureltern ab, die aus der großen anfänglichen Dunkelheit geboren wurden. Wenn die Ureinwohner die mächtigen Kräfte des Meeres, des Donners, des Blitzes, aber auch die Kunst des Tanzes mit einem göttlichen Namen bezeichnen, so werden sie gleichsam jedes Mal an den göttlichen Uranfang erinnert. Die Transzendenz leuchtet überall durch. Alles ist beseelt, zeugt von der Göttlichkeit allen Seins. Pele ist nicht einfach die leidenschaftliche, todbringende und Land schenkende Göttin. Sie weist in ihrer Urgewalt auf die unendliche Schöpferkraft hin, die mit tausend Namen besungen wird. An keinem anderen Ort auf diesem Planeten – außer vielleicht in den Bergen – habe ich mich im Alltag so eingeladen gefühlt, auf Schritt und Tritt der göttlichen Gegenwart zu begegnen, sie zu berühren und eins zu werden mit ihr wie auf Hawaii.

Peles Geschenk

Beim Betrachten der Lavafelder auf Hawaii fallen sofort zwei unterschiedliche Lavaformen auf, die eine, *Pahoehoe*, wird durch das langsame Fließen der Lava gebildet, während die andere, *Aa*,

55 *Mumonkan – Die Torlose Schranke*, S. 224.

zackig und aufgewirbelt, durch eruptive Ausbrüche entsteht.[56]
Für mich sind es zwei Ausdrucksformen der Bewegung Peles an
der Erdoberfläche. Ich nenne es ihren Tanz, der eine wild und
ungestüm, der andere zauberhafte Formen hervorbringend. Beide
ergriffen mich in ihrer je eigenen Weise. So konnte ich vor einem
Aa-Lavafeld stehen, den Tränen nahe, mein eigener Körper aufgewühlt wie das vor mir liegende Feld. Eine Botschaft Peles an
mich, vorsprachlich, dem mentalen Zugriff verwehrt. An der
Pahoehoe-Lava konnte ich mich wiederum nicht genug satt-
sehen. Welche Erotik, welch sinnliche Schönheit!

Erst zwei Nächte vor meiner Abreise von Big Island glaubte
ich eine Spur gefunden zu haben, warum Pele zur Patronin des
Tanzes geworden ist. Ich lag wieder einmal schlaflos im Bett. Stunden verstrichen, Gedanken fluteten durch meinen Kopf, ähnlich
wie die Fische in den Gezeitenbecken, denen ich tags zuvor beim
Schnorcheln begegnet war. Keinen Gedanken konnte ich fest-
halten, geschweige denn weiterspinnen. Ich wollte es auch nicht,
denn ich wollte schlafen. Doch mein Bewusstsein blieb hellwach,
aufmerksam lauschend. Plötzlich tauchte die Erinnerung an die
schlaflosen Nächte während meines Schubs an Kundalinienergie
auf. Damals stand ich immer wieder auf, um zu tanzen, bis der
Körper entspannt und müde wurde, sodass ich für ein paar Stunden Schlaf finden konnte. Doch in dieser Nacht auf Big Island
war es anders. Ich hatte keine körperlichen Energieschübe. Ich
war einfach in einem hellwachen Bewusstseinszustand, nicht
wissend gegenwärtig. Es kostete mich einige Mühe, aufzustehen
und wie damals zu tanzen. Da ich die anderen im Haus nicht
wecken wollte, verzichtete ich auf meine geliebten Bachkonzerte
und fing an, mich nach der inneren Musik meines Körpers zu
bewegen. Das war am Anfang gar nicht so leicht. Unsere Körper-
bewegungen sind stark von Automatismen geprägt. Schließlich
gelang es mir, mich ganz auf die Impulse des Körpers einzulassen.
Es öffnete sich in mir eine Sehnsuchtsspur, eine hellgelbe, zarte

56 Robert und Barbara Decker, *Volcano Watching*, S. 44.

Energie und ein Wissen, auf diesem Weg noch einmal tiefer als bisher Heimat in meinem Körper zu finden. Welch nächtliches Geschenk der Vulkangöttin Pele zum Abschied von dieser zauberhaften Insel!

Übungen

Hüterin des Feuers

In dieser Übung lernst du die Gebärmutter noch einmal auf eine neue Weise kennen. Sie ist ein Gefäß für die göttliche, schöpferische Lichtkraft in dir. Stimme dich durch eine kurze Atemübung und die Wahrnehmung des Körpers auf folgende Meditation ein.

1. Zentriere dich im Beckenraum und stelle dir die Gebärmutter in seiner Mitte vor. Lenke deinen Atem auf diesen Innenraum.

2. Stelle dir deine Gebärmutter als Quelle des göttlichen, goldenen Lichts vor, eine Quelle, die unablässig fließt und nie versiegt. Der Quellgrund des Lichts ist der Urgrund des Seins.

3. Begrüße diese Quelle der feurig-göttlichen Kraft in dir. Segne die Lichtkraft. Lass das Licht in einem weiteren Schritt in deinen ganzen Körper strahlen. Jede Zelle wird erfüllt vom göttlichen Licht.

4. Lass zu, dass dein Körper zum Heiligtum dieser göttlichen Kraft wird.

5. Gib dieses göttliche Licht weiter, lass es über deinen Körper hinaus strahlen zur Erde und zu allen ihren

Lebewesen. Bleib einen Moment in der Haltung des Dich-Verschenkens.

6. Lass zum Abschluss der Meditation deine Aufmerksamkeit sich ausdehnen auf deinen Körper. Nimm ihn als Ganzheit war. Nimm den Raum wahr, in dem du dich befindest. Bedanke dich bei deiner Gebärmutter für ihre Kraft und Schönheit und wende dich danach wieder deinem Alltag zu.

Das Licht des Herzens

In dieser Meditation lernst du die Lichtquelle in deiner Herzmitte kennen. Auch dieses Licht versiegt nie, fließt ohne Anfang und Ende.

Richte deine Aufmerksamkeit zur Einstimmung in die Meditation auf deinen Atemrhythmus. Der Körper dehnt sich aus beim Einatmen, bis er an eine Grenze kommt. Beim Ausatmen zieht sich der Körper wieder zusammen. Dann kommt die Bewegung zur Ruhe. Warte auf den Impuls, bis der Atem von ganz allein wieder einströmt. Nimm die sanfte Bewegungen deines Körpers wahr. Lass dich tragen vom Atem des Lebens. Wende dich dann deinem Herzen zu:

1. Sieh dein Herz eingebettet zwischen den beiden Lungenflügeln. Nimm den Herzrhythmus wahr. Das Herz schlägt, macht Pause, schlägt, macht Pause ... Überlass dich einen Moment diesem Rhythmus.

2. Erinnere dich an ein freudvolles, schönes Erlebnis. Lass es so lebendig werden, dass es dir jetzt noch Heiterkeit und Leichtigkeit schenkt. Umhülle dein Herz mit einem Lächeln und danke ihm dafür, dass es für dich Tag und Nacht arbeitet.

3. Dann lass dich durch die äußere Schicht in die Herzkammern sinken. Lass dich wiegen vom Strom des Blutes, dem Lebensstrom. Wenn du dich darin gut aufgehoben fühlst, gehe einen Schritt weiter.

4. Lass dich in die Herzmitte sinken, den raumlosen Raum, der Quelle des Lichtes und der Liebe in dir ist. Lass das göttliche Licht aus deinem Herzen in deinen Körper strahlen. Öffne die Poren deines Körpers und lass das Licht über dich hinaus in die Welt strahlen.

5. Zum Abschluss der Meditation schließe die Poren. Danke deinem Herzen für diese Erfahrung und komme in deinem Rhythmus ins Hier und Jetzt zurück.

Geschwisterkampf von Pele und Hamaka – Transformation negativer Gefühle

Die folgende Übung unterstützt dich darin, dich furchtlos dem Kampf zwischen Frauen zu stellen, und hilft dir, die negativen Gefühle in eine Haltung des Respekts und der Wertschätzung zu transformieren.

1. Suche in deinem Leben nach Situationen, in denen du in dir Neid und Eifersucht gegenüber anderen Frauen empfunden hast.

2. Lass die Situationen ganz lebhaft vor dir entstehen und gib den negativen Gefühlen in dir Raum. Nimm sie als einen Teil von dir an.

3. Lass die Gefühle in den Lichtraum deines Herzens eintauchen. Sie werden eingeschmolzen und transformiert in Wertschätzung und Mitgefühl.

4. Finde Ereignisse, in denen andere Frauen mit dir rivalisiert haben. Nimm deine Reaktion auf dieses Verhalten wahr,

zum Beispiel Ignoranz, Abwertung, Überheblichkeit, Härte, Distanzierung.

5. Weise diese negativen Haltungen nicht zurück. Lass sie tief in deinen Körper einsinken. Im heiligen Feuer der Gebärmutter werden sie in die Haltung des Respekts und der Würde für dich und die andere Frau transformiert. Du kannst diese Qualitäten in dir weiter stärken, indem du Affirmationen bildest wie: Ich bin Wertschätzung. Ich bin Mitgefühl. Ich bin Respekt. Ich bin Würde. Nimm wahr, welcher Wert dich in der momentanen Lebenssituation am meisten stärkt. Sprich diese Affirmation auch tagsüber für dich und lass sie nachwirken.

Pele und Hi'iaka – das Vereinen gegensätzlicher Gefühle

Diese meditative Übung setzt Impulse für eine neue Synthese von gegensätzlichen Gefühlen und Handlungsimpulsen.

1. Suche in deinem Leben nach der Erfahrung von zerstörerischen Impulsen in dir. Lass den Affekt so weit wie möglich zu.

2. Stelle dir nun vor, dieser zerstörerische Impuls verdichtet sich in einem Symbol, einer Gestalt oder einem Gegenstand. Schau dabei genau hin. Nimm klar und wach wahr, was auftaucht, ohne zu bewerten oder etwas verändern zu wollen.

3. Lege das Symbol in deine linke Hand und strecke den linken Arm seitlich aus.

4. Gehe dieselben Schritte (1. bis 3.) durch, nun in der Erinnerung an Situationen, in denen du dich als behütende, beschützende Frau erlebt hast, und lege das Symbol für

den beschützenden Impuls in deine rechte Hand und strecke deinen rechten Arm seitlich aus.

5. Bringe nun beide Hände langsam zusammen und nimm wahr, was dabei geschieht.

6. Nimm die Hände zu deinem Herzen und lass die Symbole sich berühren. Was geschieht jetzt?

7. Schreibe die Erfahrung auf und teile sie mit einer deiner Freundinnen.

Peles Tanz

Dieser Tanz ist Peles Abschiedsgeschenk. Finde einen Ort, an dem du für ca. zwanzig Minuten nicht gestört wirst, niemand dich beobachten kann und du dich sicher und wohl fühlst.

1. Stelle deine Füße hüftbreit auf. Geh mit der Aufmerksamkeit zu den Fußsohlen und stelle dir vor, dass Wurzeln in die Erde wachsen. Nimm die aufgerichtete Wirbelsäule wahr. Schau mit den Augen gerade vor dich hin.
Dann schließe die Augen.

2. Richte nun deine Aufmerksamkeit auf den Körper. Nimm zuerst deinen Atemrhythmus wahr. Dann spüre tiefer in deinen Körper hinein und werde der feinen Bewegungsimpulse gewahr. Folge nun diesen Impulsen und lass die Bewegung größer werden.

3. Lass dich überraschen und bewahre die Neugier.
Lass dich von den feinen inneren Bewegungen führen.
Du musst niemandem gefallen, nicht einmal dir selbst.
Solltest du dich in deinem Gefallen-Wollen gefangen fühlen, lenke deine Aufmerksamkeit auf die feinen Atembewegungen in deinem Körper. Erlaube dir, so lange bewegungslos zu bleiben, bis ein nächster Bewegungs-

impuls auftaucht. Denk daran: Es gibt nichts zu erreichen und du brauchst nichts zu leisten.

4. Sobald du spürst, dass du dich automatisch zu bewegen beginnst, halte inne und mache die unbewusste Bewegung noch einmal. Halte danach inne und warte, bis sich ein neuer Bewegungsimpuls meldet.

5. Genieße das Gefühl, in deinem Körper tiefe Heimat zu finden. Lass Heimat in dir fließen. Halte dich nicht daran fest.

6. Finde deinen eigenen Abschluss dieses Tanzes.

SCHÖN,
WILD
UND
WEISE

BILDTEIL

Abb. 1

Lilith auf dem Burney-Relief
oder auch
„Königin-der-Nacht-Relief";
zu sehen im British Museum in London

Abb. 2

Lilith, Adams erste Frau, als Mischwesen
aus Frau und Schlange dargestellt, reicht Eva den Apfel;
Ausschnitt eines Deckengemäldes von Michelangelo
in der Sixtinischen Kapelle

Abb. 3

Alte weise Frau

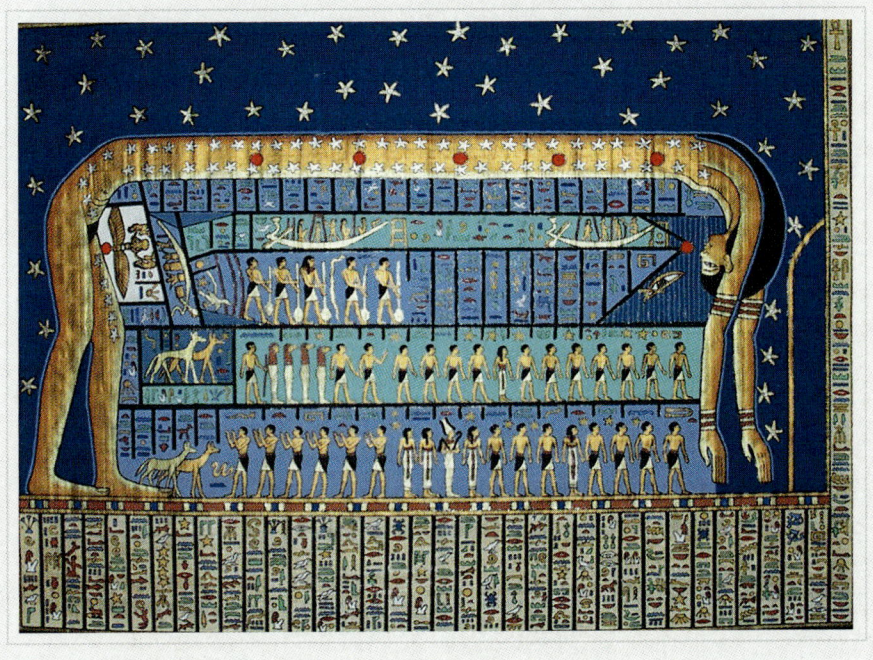

Abb. 4

Die Göttin Nut als Himmelskönigin

Abb. 5

Die hawaiianische Göttin Pele

Abb. 6

Die elfköpfige und tausendarmige Kanzeon
bzw. Avalokiteshvara, Bodhisattva
des universellen Mitgefühls

7

Abb. 7

Die Heilige Familie mit Maria, Joseph und dem Jesuskind;
Gemälde von Andrea del Sarto
aus der Galleria Nazionale D'Arte Antica in Rom

Abb. 8

„Le Christ au Ciel bleu" von Marc Chagall

DER WEG DER HELDIN –

die Mauern der Angst überwinden

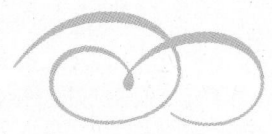

Rückkehr zur Liebe

Wer denkt beim Thema „Der Weg der Heldin" nicht zuallererst an berühmte Heldensagen oder Heldenmärchen? Doch um solche Geschichten wird es in diesem Kapitel nicht gehen. Weder werde ich mich an Heldenepen wie „Ilias" und „Odyssee" orientieren noch Heldenmärchen wie etwa „Der Königssohn, der sich vor nichts fürchtete"[57] zur Vorlage nehmen. Die großen Sagen stehen häufig am Anfang von bedeutenden Kulturepochen. In den Erzählungen wird aufgezeigt, wie tief greifend – und nicht selten dramatisch – die Götterwelt mit der Welt der Menschen verwoben ist. In ihrem Zentrum steht meist die glorreiche Gestalt eines Helden. Bemerkenswert, jedoch wenig erstaunlich, ist es, dass die Helden und „ihre Berichterstatter" fast ausnahmslos Männer sind. Frauen sind kaum auf Listen der fiktiven oder realen Helden zu finden. Penthesilea, die Amazonenkönigin, bleibt vielfach allein.

Die von den Brüdern Grimm gesammelten Märchen sind meist jüngeren Datums als die großen Sagen. Die Helden in dieser Dichtungsgattung sind überwiegend gewöhnliche Menschen, die sich durch überdurchschnittlichen Mut und Tapferkeit auszeichnen. Beides brauchen sie, um siegreich aus ihren Heldentaten, in denen sie sich oft für andere Menschen und Tiere einsetzen, hervorzugehen. Die Geschichte endet so gut wie immer mit einer königlichen Traumhochzeit und schließt mit den Worten: „... und wenn sie nicht gestorben sind, dann leben sie noch heute." Weder der einsame Held noch das königliche Paar stehen im Mittelpunkt dieses Kapitels.

Ich werde hier auch nicht der Frage nachgehen, weshalb Frauen selten als Heldinnen beschrieben werden. Der Weg der

---

57 Zum Nachlesen: Gebrüder Grimm, *Die Märchen der Brüder Grimm*, S. 408 ff.

Heldin, von dem hier die Rede sein soll, hat vielmehr mit folgendem Zitat zu tun:

„Unsere größte Angst ist nicht, unzulänglich zu sein. Unsere größte Angst ist, grenzenlos mächtig zu sein. Unser Licht, nicht unsere Dunkelheit, ängstigt uns am meisten. (…) Wenn wir von unserer eigenen Angst befreit sind, befreit unsere Gegenwart automatisch die anderen."[58]

Dieses Zitat ist gleichsam Programm und Zusammenfassung des vorliegenden Kapitels. Über viele Jahre habe ich diese Zeilen in Führungsseminaren zitiert und die darin enthaltene Weisheit Nelson Mandela zugeschrieben. Sie schienen mir mehr als nur stimmig für sein Leben und seine großartige Leistung in der Aufarbeitung der Verbrechen während des Apartheidregimes und der von ihm initiierten Versöhnungsarbeit. Mandela musste die Angst, nämlich jene vor seiner eigenen Größe, gekannt haben und durch sie hindurchgegangen sein, ansonsten hätte dieser Mann trotz der vielen Jahre im Gefängnis nicht die innenpolitisch machtvolle Wirkung und die versöhnende und Frieden stiftende Ausstrahlung weit über die Landesgrenzen hinaus haben können. Mandela hatte dieses Zitat über die Angst vor der eigenen Größe und die Einladung, diese zu überwinden, für seine Antrittsrede als Präsident Südafrikas im Jahre 1994 bei Marianne Williamson, einer Frau also, entliehen.

Ich war zuerst einmal über mich selbst entsetzt, dass ich unbedarft einer Kopie des Textes vertraut hatte, auf dem der Name Nelson Mandelas stand, der Name der tatsächlichen Autorin jedoch fehlte. Ich war darüber hinaus nicht wenig erstaunt, festzustellen, dass die Wirkung des Textes auf die Seminarteilnehmenden nachließ, als sie hörten, dass er nicht von diesem berühmten Staatsmann und Friedensnobelpreisträger stammte, sondern von Marianne Williamson, einer US-amerikanischen Bestsellerautorin von Büchern wie „Rückkehr zur Liebe". Die Lebensweisheit

58 Marianne Williamson, *Rückkehr zur Liebe*.

dieser Frau musste hinter der Größe dieses außergewöhnlichen Menschen verblassen. Worte gewinnen oder verlieren an Macht entsprechend der inneren oder äußeren Autorität derjenigen, die sie aussprechen. Beim genaueren Recherchieren habe ich noch einen zweiten Irrtum entdeckt. Auch dass Mandela dieses Zitat in seiner Antrittsrede verwendet hat, ist nicht wahr. Wer diese Unwahrheiten in die Welt gesetzt hat, bleibt offen. Das Zitat hat mit der vermeintlichen Autorenschaft von Mandela bestimmt sehr viele Menschen erreicht und inspiriert. Es erinnert uns daran, dass die Angst vor der eigenen Größe eine urmenschliche, archetypische Angst ist, die es in allen Kulturen und unabhängig vom Geschlecht zu meistern gilt.

Um glückliche und freie Menschen zu werden, haben wir durch diese Angst hindurchzugehen, denn sie trennt uns von unserem innersten, strahlenden Wesen. Die Mauern der Angst verhindern zudem, dass wir unseren ureigenen Lebensentwurf, unsere Berufung finden und entfalten. In den verschiedenen Kulturen finden wir unterschiedliche Metaphern für die eigene Größe, wie beispielsweise das „göttliche Kind in uns" im Christentum, den „Diamanten" in der transpersonalen Psychologie oder auch „den Menschen ohne Rang und Namen" in der zen-buddhistischen Tradition. Sie deuten darauf hin, dass wir in unserem Menschsein berufen sind, in einzigartiger Weise Erde und Himmel in uns zu verbinden.

Zur eigenen Größe finden

Die Errichtung der Mauern, die uns von unserem Wesenskern trennen, ist Teil der Lebensgeschichte eines jedes Menschen. Und doch sind wir nicht dazu verurteilt, in den Mauern unserer Angst gefangen zu bleiben. Pia Gyger beschreibt einen Weg, der uns dazu befähigt, den Kern in uns zu befreien.[59] Er beginnt mit einer

---

59 Pia Gyger, *Hört die Stimme des Herzens*, S. 126.

Analyse der eigenen Geschichte und führt in die Freiheit und in die eigene, einzigartige Größe hinein. Es bleibt jedoch ein lebenslanger Heilungs- und Versöhnungsprozess, der von der Kernverletzung zum Kernschatten und zur Kernkompetenz führt. Wenn wir uns je neu – und es wird mit der Zeit immer einfacher – auf diese Prozesse einlassen, wird unser Selbstbewusstsein gestärkt. Gleichzeitig werden wir zu einer Selbstkompetenz befähigt, die im Einklang mit dem eigenen Wesen erfrischend lebendig und klar wirkt und gleichzeitig eine liebevolle Güte ausstrahlt.

Pia Gyger entdeckte diesen Weg der Befreiung aus den Mauern der Angst im Aufbau einer neuen Institution. Geleitet von Forschungsergebnissen aus dem Bereich der Evolutionstheorie, der Entstehungs- und Entwicklungsgeschichte des Universums vom Urknall bis heute, erarbeitete sie Mitte der Siebzigerjahre ein Konzept für eine Therapiestation. Forscher, allen voran Teilhard de Chardin, deuteten die Grundbewegungen der kosmischen Geschichte als immerwährende, integrierende Vereinigungsprozesse, die alle am Geschehen Beteiligten vorantreibt und sich weiterentwickeln lässt. Auch die Menschen sind von diesem Prozess nicht ausgeschlossen. Die Evolution schreitet sozusagen in und durch den Menschen auf unserem Planeten weiter. Carsten Bresch, Professor für Mikrobiologie und Genetik, fasste diese Tatsache in wenigen Worten zusammen: „Elementarteilchen ziehen sich an, Atome gehen Bindungen ein, Zellen werden zum Verband und Menschen werden zur Menschheit."[60] Die Frage, wie wir Menschen zur Menschheit werden können, beschäftigte Pia Gyger buchstäblich Tag und Nacht. Welche Bewusstseinsveränderung stand an und welche Organisationsstrukturen würden eine solche Weiterentwicklung begünstigen? Teilhard war in seiner Analyse sehr klar und fand fordernde Worte wie:

„‚Liebet einander.' Vor zweitausend Jahren sind diese Worte gesprochen worden. Heute aber klingen sie mit einem sehr

---

60 Carsten Bresch: *Zwischenstufe Leben*, S. 296.

anderen Ton wieder in unseren Ohren. (...) Die sprechende Stimme wird gebieterischer. Sie sagt nicht mehr nur: ‚Liebet euch, um vollkommen zu sein‘, vielmehr fügt sie hinzu: ‚Liebet euch, oder ihr geht zugrunde‘."[61]

Damals wie heute steht an, dass wir Menschen den Einungsprozess mitgestalten und neue Nähe wagen und leben lernen. Im Zuge der technologischen Entwicklung rücken die Menschen rein äußerlich näher zusammen. Ob dabei tiefere Begegnungen und damit echte Vereinigung stattfinden, sei dahingestellt. Was wir zu lernen haben, ist psychische und geistige Intimität, will heißen, den persönlichen Austausch auf der Seelenebene.

Um dieses Lernen zu begünstigen, führte Pia Gyger eine neue Organisationsstruktur auf der Therapiestation ein und legte Grundlagen einer neuen Kommunikationskultur im Mitarbeiterteam fest. Sie ersetzte die hierarchische Leitung durch eine kollegiale Leitung. Zudem sollte die Zusammensetzung des Teams möglichst pluralistisch sein, also verschiedene Weltanschauungen umfassen. Zu den Elementen der neuen Kommunikationskultur gehörten das Erlernen von Transparenz, Toleranz, konstruktiver Konfliktlösung und gemeinsam getragener Verantwortung. Das Konzept fand bei den Mitarbeitenden des Therapieheims Sonnenblick großen Zuspruch. In der Fachwelt wurde die Institution jedoch über Jahre als kurzlebiger Paradiesvogel bezeichnet, der notabene bis heute überlebt hat. Damals wie heute sind solche Führungsprinzipien bei kirchlichen Trägern von Institutionen kaum zu finden. In Firmen mit Mitarbeitenden aus verschiedenen Kulturen sind sie dagegen nicht mehr wegzudenken. Kurz nach der Gründung der Institution wurde ich selbst Mitarbeiterin der Therapiestation Sonnenblick und erlebte bewegende und herausfordernde Krisenzeiten mit.

---

61 Pierre Teilhard de Chardin, *Die menschliche Energie*, S. 206 f.

Von der Kernverletzung
zur Kernkompetenz

Die ersten Jahre mit der neuen Organisationsstruktur waren geprägt von Begeisterung. Die Mitarbeitenden traten immer selbstbewusster auf, wurden belastbarer, lebendiger und kreativer. Das evolutive Prinzip, dass echte Vereinigung Wachstumsprozesse fördert, schien sich zu bestätigen. Doch allmählich begannen sich Konflikte im Mitarbeiterteam zu häufen. Als sich die Krise dramatisch zuspitzte, überlegten wir, ob wir wieder in die vertraute hierarchische Führungsform zurückkehren sollten. Trotz der unlösbar scheinenden Schwierigkeiten konnte sich niemand für das altbewährte System begeistern. Es musste ein anderer Weg gefunden werden. Wie ich in der Zusammenarbeit mit Pia Gyger in den folgenden Jahren noch oft erleben durfte, kam sie nach einer schlaflosen Nacht, in der sie nach einer Lösung gesucht hatte, mit einer Erklärung für unsere Probleme: In der neuen Nähe werden alte Verletzungen und Wunden aus der Kindheit – Kernverletzungen – aktiviert und mit ihnen der kindliche Schutzmechanismus, der sich unbewusst und abgewehrt im Alltag des Erwachsenen als Aggression und Widerstand – Kernschatten – Raum schafft. Die verheißungsvolle Erkenntnis liegt darin, dass inmitten der Krise eine Kostbarkeit wartet, die dazu verlockt, durch die Dunkelheit hindurchzugehen und sowohl Schmerz als auch Schuld anzunehmen. Denn im Durcharbeiten von Verletzung und Schatten wird das einzigartige Potenzial – die Kernkompetenz – befreit.

In den darauffolgenden Monaten der Aufarbeitung ließen wir uns vom Leitspruch des Heilpädagogen Paul Moor führen: „Nicht gegen den Fehler kämpfen, sondern für das Fehlende da sein."[62] Sich nach ihm auszurichten war schon eine große Erleichterung. Darüber hinaus half uns das Konzept von Pia

---

62 Paul Moor: *Heilpädagogik*, S. 317 ff.

Gyger. In sechs konkreten Schritten beschreibt sie den Prozess von der Heilung der Kernverletzung zur Erlösung des Kernschattens:

1. Der Kernschatten ist die unbewusste Schutzmauer um die größte Verletzung in unserer Kindheit, die wir durch die Eltern, andere wichtige Bezugspersonen oder auch durch Zeitumstände wie Krieg erfahren haben. Wir zahlen für diesen Schutz einen hohen Preis, denn wir schneiden uns gleichzeitig von unserer inneren Mitte ab. Der Kernschatten bindet kreative Energie. Diese Energie wird unbewusst dazu genutzt, die Verletzung zu wiederholen, im erwachsenen Alter aber mit umgekehrten Vorzeichen. Woran wir selbst gelitten haben, fügen wir nun anderen zu.

   Zwei Beispiele mögen das Grundmuster verdeutlichen: Ein überdurchschnittlich intelligentes Mädchen wird von den Eltern bereits in der Grundschule aufgefordert, die Finanzen der Familie zu regeln und, wenn nötig, mit Ämtern zu kommunizieren. Um dieser Aufgabe zu entgehen, stellt es sich dumm. Im Erwachsenenalter aber wird diese ursprünglich schützende „Dummheit", insbesondere in der Zusammenarbeit in Teams, zum großen Hindernis. Als erwachsene Frau muss sie lernen, die Überforderung in der Kindheit anzunehmen und loszulassen. Sie muss lernen, darauf zu vertrauen, dass ihre besondere Begabung im Miteinander nicht ausgenutzt wird.

   Ein anderes Beispiel: Ein Junge hört in seiner Kindheit immer wieder: „Jungs weinen nicht und spielen auch nicht mit Puppen." Doch er mochte Puppen insgeheim viel lieber als die Autos, die er zu Weihnachten geschenkt bekam. Er lernt, dass er dann geliebt wird, wenn er seine weichen Seiten unterdrückt. Wen erstaunt es da, dass einige Liebesbeziehungen scheitern, bis er sich endlich in mühsamen Schritten für seine Innenwelt öffnen kann, eine Innenwelt, die gar nicht immer heldenhaft und kriegerisch daherkommt, sondern eben auch fein, weich und zart ist.

2. Die Wiederholung des Urdramas hat zur Folge, dass unser Kernschatten immer undurchlässiger und zementierter wird. Wir werden rigider, unfreier und unglücklicher. Dies zeigt sich nicht nur in unseren Beziehungen, auch im Körper verankern sich diese Verspannungen. Er wird gepanzerter und steifer. Damit der Kernschatten transformiert werden kann, muss die darin eingeschlossene Verletzung bewusst gemacht werden; das ist der nächste Schritt.

3. Im Wiedererinnern der Verletzung tauen eingefrorene Schmerzen auf, die sich in Tiefenverspannungen im Körper verborgen hielten. Es ist eine Zeit der Tränen. In dieser Phase können überwältigende Gefühle von Scham und Schuld auftauchen, aber auch massive Aggressionsschübe. Schmerz und Wut sind zwei Seiten einer Medaille.

4. So wichtig das Annehmen der Schmerzen ist, es besteht auch die Gefahr, in einer Opferhaltung gefangen zu bleiben. Damit würde der Heilungsprozess nicht nur abgebremst, er käme zum Stillstand. Die Erkenntnis, dass wir häufig im Heute unsere Mitmenschen dafür verantwortlich machen, was wir in der Kindheit erlitten haben, ebnet den Weg für den nächsten, wohl wichtigsten und schwierigsten Schritt der Transformation des Kernschattens.

5. Es geht um das Annehmen des Täterseins, denn im unbewussten Ausleben unserer Kernverletzung werden wir selbst zu Tätern. Hier gilt es zu lernen, die anderen um Verzeihung zu bitten, wenn wir wieder einmal in unserer Kernverletzung hängen geblieben sind und uns dadurch im Kernschatten, das heißt in destruktiven Haltungen und Verhaltensweisen, verstrickten.

6. Im wiederholten Zulassen der Schmerzen des kleinen Kindes, der Tränen und der Wut und im Annehmen unserer eigenen Schuld in den heutigen Beziehungen wird der Weg zur inneren, personalen Mitte befreit, in der unser einzigartiges Potenzial verwurzelt ist. Der Diamant, der wir sind, kommt zum Strahlen. Darüber hinaus wächst in uns die Fähigkeit zum Mitgefühl mit Opfer und Täter. Wir werden erfinderisch für neue Formen der Kommunikation und des gewaltfreien Miteinanders. Die Göttin der Anmut in uns ist erwacht.

Dieses Grundmuster von der Kernverletzung zum Kernschatten und zur Kernkompetenz ist archetypisch. Es findet sich in allen Kulturen. Und es lässt sich auch auf Nationen und Völker übertragen. Im Blick auf dieses Muster werden neue Einsichten in das (welt-)politische Geschehen offenbar.

Bei der Anwendung dieses Grundmusters in meiner Arbeit mit Frauen habe ich entwicklungshemmende Angstmuster und Schutzmauern entdeckt, die frauentypisch sind. In ihren Lebensgeschichten fand ich Schattenspuren von Eva und Lilith.

Evas Mauern der Angst

Evas Schatten begleiten Frauen in allen Lebensphasen. Sie stehen im Innern auf, lähmen die Kraft, Entscheidungen zu fällen, die ein selbstbestimmtes Leben erst ermöglichen, in dem Frauen nicht nur liebevolle Gattinnen und fürsorgende Mütter sind, sondern aus der Verbindung mit ihrem einmaligen Wesen ihr Leben einzigartig gestalten.

Im Folgenden lasse ich exemplarisch verschiedene Frauen zu Wort kommen. Sie stehen mit ihrer Geschichte nicht allein da. In ihren Ängsten und Blockaden spiegeln sich viele andere Frauenschicksale.

Eine Frau Ende zwanzig hatte kürzlich ihr Studium sehr erfolgreich abgeschlossen. Der Doktorvater bot ihr eine Assistenzstelle an, in der sie in absehbarer Zeit eine Habilitation schreiben könnte. In dieser Situation suchte sie das Gespräch mit mir. Sie war voller Zweifel, ob sie dieses Angebot annehmen sollte. Sehr schnell wurde deutlich, worin ihr Zögern wurzelte. Sie klagte: *„Wenn ich mich beruflich und menschlich in dieser Weise weiterentwickle und dieses Angebot annehme, dann werde ich selbstbewusst und selbstständig und damit unattraktiv für einen Mann. Ich werde keinen Partner mehr finden, der sich auf eine Liebesbeziehung mit mir einlässt."* Ihre größte Angst war es, allein zu bleiben, einsam zu sein und keine Familie gründen zu können. Diese Frau steht an einer entscheidenden Stelle in ihrem Leben, an der eine Heldentat gefragt ist, nämlich in der Treue zu sich selbst ihre einzigartigen Potenziale zu entfalten und damit das Risiko einzugehen, auf Ehe und Familie verzichten zu müssen.

Die folgende Geschichte stammt von einer um etwa zehn Jahre älteren Frau. Sie hatte nach dem Abschluss des Studiums geheiratet und gleichzeitig begonnen, sich beruflich weiterzubilden. Inzwischen arbeitete sie in leitender Stellung in einem größeren Unternehmen. Im Alter von fünfunddreißig Jahren meldete sich bei ihr der Kinderwunsch so heftig, dass er zur Trennung von ihrem Mann führte, der unter keinen Umständen Kinder wollte. In dieser Phase wurde sie mit ungeahnten inneren Ängsten konfrontiert. Ein dunkles Loch tat sich gähnend vor ihr auf bei der Vorstellung, ohne ihren Partner zu leben. Sie realisierte, dass sie alle wichtigen Entscheidungen immer in Bezug auf ihn gefällt hatte und ohne ihn keinen festen Boden unter den Füßen hatte. Ihre existenzielle Not fasste sie in der Feststellung zusammen: *„Ich weiß nicht, wer ich ohne meinen Partner bin."* Sie musste schmerzlich anerkennen, dass sie, obwohl im Berufsleben sehr erfolgreich, im Privatleben in Evas Fußstapfen getreten war und ihre Identität mehrheitlich aus der Bezogenheit auf ihren Ehemann nährte.

Die nächste Geschichte handelt von einer Frau Mitte fünfzig, die mit Leib und Seele das Muttersein gelebt hat. Inzwischen sind alle Kinder ausgezogen. Als junges Mädchen hatte sie einen Beruf erlernt, ihn jedoch, als die Kinder kamen, aufgegeben. Jetzt quälte sie die Frage: *„Wer bin ich, abgesehen davon, dass ich Mutter bin und Partnerin eines erfolgreichen Geschäftsmannes?"* Die Gewohnheitsenergien der glücklichen Eva sind stark und prägend. Viele der Frauen, die über Jahre als Mutter und Familienfrau nicht weiter berufstätig waren, verlieren an Selbstbewusstsein, das nötig ist, um sich im Berufsleben wieder zurechtzufinden. So liegt vieles in ihnen brach. Wenige finden einen Weg über eine künstlerische Aktivität oder in ehrenamtlichen Tätigkeiten zur strahlenden inneren Größe.

Neben den inneren Barrieren können Frauen auch durch soziokulturelle Bedingungen und Autoritätspersonen auf ihrem Lebensweg behindert und auf die Lebensbereiche der Eva reduziert werden. In meinem eigenen Leben bin ich solchen Hürden ab und zu begegnet. Sie hinderten mich jedoch nicht daran, dem Lebenstraum meiner Kindheit zu folgen, nämlich zu studieren. Auf dem Dorf, in dem ich aufgewachsen bin, war es üblich, dass Mädchen nach dem Schulabschluss in einer Fabrik eine Anstellung suchten, um sich die Aussteuer zu verdienen. Dieser Tradition widersetzte sich mein Vater erfolgreich. Als es jedoch darum ging, eine Berufswahl zu treffen, meinte mein Hauptlehrer, dass ich zu dumm für ein Studium sei, worauf ich mich selbst zur Aufnahmeprüfung an einer Mittelschule anmeldete. Dort riet mir ein paar Jahre später der Biologielehrer, dass ich besser Krankenschwester werden solle, als Medizin zu studieren. Und während des Universitätsstudiums meinte ein Stipendienberater, als ich ihn auf die Ungerechtigkeit hinwies, dass männliche Studierende einen höheren Beitrag zugesprochen bekamen als weibliche, dass es sich nicht lohne, in junge Frauen zu investieren. Es sei verlorenes Geld, da diese Frauen später ohnehin Familien gründen und nicht berufstätig sein würden. Die mangelnde Unterstützung durch diese Männer stachelte in mir den Kampfgeist an. Ich wollte ihnen beweisen, dass mehr in mir steckte, als sie sehen wollten oder konnten. Den Beweis habe ich erbracht, zahlte jedoch auch einen hohen Preis dafür. Bis ich meinen Kampfmodus „entlernte", der mich zwar zu beruflichem Erfolg führte, aber in der kollegialen Zusammenarbeit und in Freundschaftsbeziehungen mehr als hinderlich war, hatte ich einige Jahre intensiv an mir zu arbeiten.

Zum Glück werden heute Mädchen und junge Frauen im mitteleuropäischen Raum, insbesondere im städtischen Umfeld, kaum mehr während der Berufsausbildung mit solchen Demütigungen und Entmutigungen konfrontiert. Die Schwierigkeiten tauchen später auf, nämlich dann, wenn Frauen Karriere und Familie miteinander verbinden wollen oder am Arbeitsplatz an die sogenannte „gläsernen Decke" stoßen.

Liliths Gang durch kollektive Schattenwelten

Noch bis vor Kurzem standen viele begabte Frauen im Schatten von berühmten Männern. Zum ersten Mal bin ich auf diese Dynamik beim Besuch einer Ausstellung mit Werken von Camille Claudel und Auguste Rodin gestoßen. In eindrücklichen Beispielen wurde gezeigt, dass einige Figuren, die Rodin berühmt gemacht haben, Kopien von Claudel waren. Er verwehrte ihr und ihren Werken den Zutritt zu Ausstellungen, da es seiner Meinung nach in Paris keinen Platz für zwei Künstler dieser Art gäbe. Das Beispiel des Umgangs mit dem Zitat aus der Antrittsrede von Mandela zeigt, dass wir heute an einem anderen Ort stehen. Noch vor hundert Jahren wäre diese Korrektur wahrscheinlich nie passiert. Ein anderes Schicksal erfuhr Mileva Maric-Einstein, Einsteins erste Ehefrau, die ihn zu Beginn ihrer Beziehung leidenschaftlich liebte und intellektuell hoch schätzte. Inge Stephan schreibt in ihrem Buch „Das Schicksal der begabten Frau":

„Vor der Eheschließung waren die gemeinsamen Veröffentlichungen mit ‚Einstein-Maric‘ unterzeichnet gewesen, nach
der Hochzeit trat an die Stelle der gemeinsamen Unterzeich-
nung der Name Einstein. (…) Die ersten Ehejahre gehörten
zu der produktivsten Phase, die Einstein überhaupt hatte.
Auch der Nobelpreis, den er später erhielt, ging zurück auf
die Veröffentlichungen aus dieser Zeit."[63]

Welchen Anteil seine Frau daran hatte, wird nie mehr ganz zu
eruieren sein, da die Unterlagen dazu vernichtet wurden.

Schöpferisch begabte Frauen wurden vielfach Musen, ihre
kreative Kraft nährte und inspirierte die Schaffenskraft ihrer
berühmten Partner. Wen wundert es, dass das Leben dieser Frauen
manchmal in psychiatrischen Kliniken oder in der Vergessenheit
endete, verwirrt, da sie durch den Mangel an öffentlicher Wür-
digung ihres Beitrags in einem zentralen Aspekt ihres Wesens
nicht gespiegelt wurden und deshalb nie ein stabiles und gesundes
Selbstbewusstsein aufbauen konnten.

Die Zeiten der öffentlichen Missachtung von begabten
Frauen sind in unserem Kulturraum definitiv vorbei. Nicht nur
sind Frauen mündiger und selbstbewusster geworden, auch Männer beginnen, sich an starken Frauen zu freuen und erkennen
zunehmend das Potenzial in der Zusammenarbeit von gemischt-
geschlechtlichen Teams, ohne dass sie dabei selber an Macht und
Prestige verlieren würden. Ganz im Gegenteil: Sie erfahren, dass
sie an Größe und Lebensqualität gewinnen, wenn sie andere –
eben auch Frauen – neben sich groß sein lassen können.

Und trotzdem erlebe ich immer wieder in der Begleitung
von Frauen, die in der Treue zu sich selbst ihr Leben gestalten
wollen, eine abgrundtiefe, bodenlose Angst. Wenn ich an diese
Mauer der Angst rühre, höre ich Aussagen wie: *„Wenn ich mich
zeige, wie ich wirklich bin, dann werde ich umgebracht. Ich weiß, dass
diese Ängste irrational sind. Trotzdem verschleiere ich meine tiefsten*

---

63 Inge Stephan, *Das Schicksal der begabten Frau*, S. 100.

Sehnsüchte und mein inneres Wissen." In den schlimmsten Fällen lassen Frauen die Begabung nicht einmal sich selbst gegenüber zu. Sie sind unglücklich, manchmal auch depressiv verstimmt, weil sie eine große, wilde und ungeordnete Kraft in sich spüren, die keinen Weg in den konkreten Ausdruck findet. Dauert dieser Zustand länger an, dann richtet sich diese Kraft mit der Zeit nach innen. Es findet gleichsam eine Rückvergiftung statt, ein destruktiver lähmender Kreislauf, der weit entfernt von einem erfüllten Leben in die Resignation führt. Eine andere Frau offenbarte mir: *„Wenn ich all meine Begabungen zeigte, würde ich aus der Gemeinschaft der Menschen ausgestoßen. Das würde meinen Tod bedeuten. Deshalb stehe ich lieber zurück, verstecke mich und meine Begabungen in Institutionen und lasse Männer vorne stehen."*

Ich habe mich lange gefragt, woher diese Vernichtungsängste stammen. Mit der Zeit habe ich Antworten gefunden, in mir und in Gesprächen mit anderen Frauen, die sich eingelassen haben auf diese Mauer lebensbedrohender Ängste. Die Erinnerungen, die dann auftauchen, stammen nicht aus unserer Zeit. Sie sind Teil des kollektiven Schmerzkörpers der Frauen im Patriarchat. Wer den Mut dazu aufbringt, dass sich das Kollektiv im eigenen Körper und der Seele erinnern darf, erlebt qualvolle Stunden: schreckliche Folterszenen; Flammen, die an Frauenkörpern hochzüngeln, die auf Scheiterhaufen gefesselt sind; das Verdikt, für immer aus der lebendigen Gemeinschaft ausgestoßen zu sein, was in früheren Zeiten einem langsamen Tod gleichkam, weil eine Frau in der Wildnis nicht allein überleben konnte. Neben diesen Szenen tauchen Blicke auf, die schmerzen, Blicke von eifersüchtigen und neidischen Frauen, die ihre Schwestern verraten und damit Teil hatten am Todesurteil; Blicke von in sadistischer Lust gefangener Männer. Aber auch von Trauer erfüllte Augen von Männern und Frauen, die machtlos mit ansehen mussten, dass wunderbare Freundinnen und Gefährtinnen qualvoll starben, weil sie mit ihren besonderen Begabungen zu viel Angst und Rivalität ausgelöst hatten.

Wenn sich in Menschen der kollektive Schmerz- und Schuld-körper erinnert, gehen sie durch Phasen großer Not und Verletz-lichkeit, seelisch und körperlich. Ihr Körper erinnert sich an all die vergangenen Qualen, als würde er selbst in diesem Augenblick nochmals durch die Hölle vergangener Zeiten gehen. Dann braucht er Unterstützung und Ruhe. Kraniosakraltherapie, Traumaarbeit oder ganz einfach im Liegen meditative, spirituelle Musik zu hören beruhigt Körper und Seele. Hilfreich ist auch, sich öfter in der Natur zu bewegen. Sie wirkt heilsam auf Seele und Leib.

Im Erinnern dieses Leidens, in der Berührung von Schmerz und Schuld der begabten Frauen aus vergangenen Jahrhunderten liegt eine große befreiende Kraft. Wir heilen nicht nur verbor-gene, längst vergessene, eingefrorene Schmerzen. Mit der Vergan-genheit versöhnt, bleiben wir nicht länger verstrickt im Kampf der Geschlechter, einer Verstrickung, die meist im Unbewuss-ten gefangen bleibt, um dann in Konfliktsituationen ihr hässli-ches Gesicht zu zeigen. In der Tiefe versöhnt befreien wir auch Männer von Altlasten. Es eröffnen sich neue Möglichkeiten der freundschaftlichen Beziehung zwischen Männern und Frauen.

Die größte Errungenschaft und Freiheit wartet jedoch in uns selbst. Im Durchschreiten der Mauer der Vernichtungsangst fin-den wir „dahinter" den Seelenraum, in dem wir uns wieder erin-nern an die innere Größe und Schönheit des Frauseins. Lilith in uns darf endlich wieder Anteil haben an der Ebenbildlichkeit der Gottheit, die das Universum aus dem Nichts erschaffen hat. An diesem Ort angekommen, beginnt der eigentliche, selbstbewusste Weg der Heldin.

Der Weg der Heldin

Ich hatte das Glück, während meiner spirituellen Ausbildung in meiner Gemeinschaft, dem Katharina-Werk, mit einem Ver-ständnis des Gehorsamsversprechens in Berührung zu kommen, das Geist und Herz der Psychologin in mir mit großer Freude erfüllte. Wie viele andere Menschen nahm ich an, dass dieses Gelübde darin besteht, Vorgesetzten zu gehorchen, im Extremfall sogar absoluten Gehorsam zu leisten. Pia Gyger, die Erneuerin der Gemeinschaft, interpretierte auch die evangelischen Räte[64] neu, sodass sie anregend für Menschen von heute sein können.[65] Sie vermittelte, dass es beim Gehorsamsgebot zunächst darum gehe, seinem eigenen inneren Wesen, dem göttlichen Ebenbild in sich, treu zu werden. Achtsame Wachheit, radikale Offenheit und die Bereitschaft, nach innen zu hören, sind wesentliche Voraussetzungen, um in diese Geisteshaltung hineinzuwachsen. Die Impulse zu hören ist das eine, sich darauf einzulassen und sich von ihnen führen zu lassen, das andere. Nicht selten widersprechen die Impulse aus der Tiefe den vordergründigen, alltäglichen Bedürfnissen. Daraus erwachsen Konflikte, die manchmal auch schmerzlich sein können. Denn mit wachsendem Hinhören auf die Tiefe verstehen wir, dass wir uns nicht gehören, vielmehr sind wir uns gegeben und aufgegeben. Zwei Beispiele aus der Begleitung von Frauen mögen diesen spannungsvollen Selbstwerdungsprozess verdeutlichen:

Eine Frau in der Lebensmitte entdeckt die Fähigkeit, Unstimmigkeiten und kleine oder größere „Lebenslügen" deutlich wahrzunehmen. Diese Begabung stellt jedoch eines ihrer Beziehungsmuster, nämlich möglichst in friedvoller Harmonie zu leben, radikal infrage. Obwohl sie eine große Sprachbegabung besitzt, ist sie der Meinung, dass sie sprachlich unbegabt sei, wenn es um das Ansprechen besagter Unwahrheiten geht. Unzufrieden mit sich selbst, da sie diesen inneren Impulsen keinen Ausdruck verleiht, verstrickt sie sich immer häufiger in Konflikte. Eine andere, beruflich sehr erfolgreiche Frau entdeckt, dass sie nicht wirklich glücklich ist mit ihrer Berufswahl. Sie hat sie unbewusst getroffen,

---

64 Im Evangelium niedergelegte Leitlinien für ein Leben in Armut, Gehorsam und Jungfräulichkeit, vor allem für Menschen, die ihr Leben Gott weihen.
65 Pia Gyger, *Mensch verbinde Erde und Himmel*, S. 98 ff.

um ihrem Vater zu gefallen. Sie steht jetzt vor der entscheidenden Frage, ob sie mutig genug ist, den äußeren Erfolg erst einmal hinter sich zu lassen und beruflich neue Wege zu gehen.

Den Weg der Heldin zu beschreiten heißt, mit Wachheit hinzuhören auf die innere Stimme und deren Gestaltungsimpulse achtsam umzusetzen. Dazu braucht es Mut. Den Mut, Gewohnheitsenergien zu erkennen und loszulassen, bequeme Lebenspfade und auch die eigene Komfortzone zu verlassen, um Neues zu wagen. Wer sich in der Lebensgestaltung immer häufiger auf die innere Führung verlässt, findet neben Mut noch eine andere Qualität: das existenzielle Müssen. Diese fordernde Stimme hat weder etwas mit internalisierten Ich-Idealen noch mit einem strengen Über-Ich zu tun. Wer dieser Stimme vertrauensvoll zu folgen vermag, gewinnt innere Leichtigkeit und Frieden mit sich selbst, Qualitäten, die darauf hinweisen, dass wir Wesensgehorsam einüben und nicht einer egozentrischen Stimme Gehör schenken. Auch wenn die Körper altern, bleiben solche Menschen erstaunlich jung und auch im hohen Alter noch geistig beweglich. Meine älteste Freundin, Silvana Lattmann, hat noch im Alter von sechsundneunzig Jahren einen Lyrikband publiziert. Daneben schreibt sie an der Biografie eines Forschers aus dem 17. Jahrhundert. Die Gespräche mit ihr sind voller Witz, geistiger Offenheit und Wachheit für die aktuelle Zeitgeschichte. Wer möchte nicht in dieser Weise alt werden?

Nicht allen ist das Glück beschert, im eigenen Leben solchen Vorbildern zu begegnen. In den verschiedenen spirituellen Traditionen finden wir Frauengestalten, die ihr schönes, wildes und weises Wesen einzigartig zum Ausdruck brachten und mit denen wir uns verbinden können. Ich werde mich auf drei Frauen aus der buddhistischen und christlichen Tradition konzentrieren. Kanzeon, Maria und Maria Magdalena sind die folgenden Kapitel gewidmet. Sie können für Frauen Inspiration und Ermutigung sein, aus der Tiefe ihres göttlichen Seins zu leben, ungeachtet gesellschaftlicher Konditionen und Einschränkungen, wie eine

Frau zu sein und zu leben hat, aber auch ungeachtet der eigenen Widerstände, ein Leben in Eigenständigkeit und Freiheit zu führen.

Übungen

Fragen zum Wesensgehorsam

Wer Zugang zum eigenen Wesensgehorsam sucht, kann sich an folgenden Fragen orientieren:

1. Suchst du gelegentlich die Stille und Einsamkeit, um deine innere Stimme zu hören? Wann war es das letzte Mal? Was hat sich dabei ereignet?

2. Welche Ängste und Widerstände tauchen auf, wenn die innere Stimme sich meldet?

3. Welche Wege kennst du zur Überwindung von Widerständen und Ängsten?

4. Wie aktivierst du die Bereitschaft, dich von deiner Seelentiefe führen zu lassen?

Tausche dich aus mit anderen, die ebenfalls auf der Suche nach dem göttlichen Ebenbild in sich sind.

Heilung der Kernverletzung und Erlösungsschritte aus dem Kernschatten

Folgende Fragen führen ein in die Thematik des Dreischritts: von der Kernverletzung zum Kernschatten und zur Kernkompetenz. Im Durcharbeiten zeigt sich, wo Aspekte noch im

Unbewussten liegen und darauf warten, ins Alltagsbewusstsein integriert zu werden.

1. Kennst du Verhaltensweisen an dir, die deine Beziehungen zu dir wichtigen Personen erschweren und sich je neu wiederholen?

2. Gibt es eine Beziehungskonstellation, die sich wiederholt und dich in körperliche, emotionale und geistige Anspannung bringt und Schmerzen verursacht?

3. Kennst du Strategien, um aus deiner Opferrolle herauszukommen?

4. Woran erkennst du dein Tätersein? Was hilft dir, dich einzuschätzen, ohne dich dabei abzuwerten?

5. Kannst du dir verzeihen, wenn du zum Täter/zur Täterin geworden bist? Kannst du dich entschuldigen?

6. Kannst du anderen verzeihen? Gib ein konkretes Beispiel.

7. Kannst du negative Bilder über andere loslassen? Wie erarbeitest du dir diesen Schritt?

8. Welches Potenzial liegt in deiner Kernverletzung und in deinem Kernschatten verborgen? Hast du dieses Potenzial vielleicht schon entwickelt?

WENN KANZEON VOM HIMMEL STEIGT –

die heilende Kraft des Mitgefühls

Kanzeon am Morgen,
Kanzeon am Abend

„Kanzeon, namu butsu ... – Kannon, in Einheit mit Buddha ...“
So beginnt und endet ein Tag in einem Sesshin, einer intensiven Trainingsperiode in der Glassman-Lassalle Zen-Linie. Dieses Sutra – eine der Schriften, in denen die Lehren des historischen Buddha überliefert sind – wird zu Ehren von Kanzeon, dem weiblichen Bodhisattva[66] des Mitgefühls, rezitiert. In der Mitte des Tages wird außerdem ein zentraler Ausschnitt aus dem Herz-Sutra gechantet. Dieser Text, so ist es überliefert, wird von Avalokiteshvara, dem männlichen Bodhisattva des Mitgefühls, verkündet und beginnt mit: „Der tiefes Prajnaparamita praktizierende Avalokiteshvara sah klar, dass alle fünf Skandhas leer sind und jegliches Leid und jeglichen Schmerz verwandeln.“ Wer diese Texte zum ersten Mal hört, stolpert über verschiedene unbekannte Begriffe. Prajnaparamita bedeutet „transzendente, vollkommene Weisheit“.[67] Die fünf Skandhas bezeichnen die fünf grundlegenden Elemente, die einen Mensch ausmachen: körperliche Form, Sinnesempfindung, Wahrnehmung, geistige Formkraft und Bewusstsein. Sie sind nach der Lehre des Buddha unbeständig und leer. Wer diese Wahrheit wie Avalokiteshvara tief begreift, wird vom Leiden befreit, denn Leiden entsteht allein dadurch, dass wir an etwas hängen, das steter Veränderung unterworfen ist und in sich keine feste Substanz hat.

Ohne hier weiter auf buddhistische Lehren einzugehen ist für unser Thema höchst interessant, dass der Bodhisattva des Mitgefühls einmal in der weiblichen Repräsentation, dann aber auch in der männlichen besungen wird. Avalokiteshvara ist die ältere

---

66 Siehe dazu auch den weiter unten folgenden Abschnitt zu Avalokiteshvara.
67 *Lexikon der östlichen Weisheitslehren*, S. 292.

Erscheinungsform. Er ist eine große Rettergestalt, deren Verehrung zurückreicht bis in die Zeit von Shakyamuni Buddha selbst. Der Name Kanzeon taucht jedoch erst um das 6. Jahrhundert in China auf. In dieser Zeit wird diese gottgleiche Gestalt mehrheitlich in weiblicher Form verehrt.

Doch wer ist diese buddhistische, himmlische Gestalt in Geschichte und Tradition? Wie kam es zur Transformation einer solch bedeutenden Figur vom Männlichen ins Weibliche? Und welche Impulse dürfen wir für unser Thema der Annäherung der beiden Frauen, Lilith und Eva, erwarten?

Avalokiteshvara

Avalokitesvara ist einer der wichtigsten Bodhisattvas. Der Begriff „Bodhisattva" hat in der buddhistischen Tradition verschiedene Bedeutungen. Er ist zunächst eine transzendente Gestalt, ein Erleuchtungswesen, das zu verschiedenen Zeiten auch den Status einer Gottheit erhalten hat. In seiner zweiten Bedeutung bezeichnet er einen Prototyp des Menschen, der zutiefst das Leben in all seinen Facetten – Schweres und Schönes, Gewalt und Glück, Einsamkeit und Verbundenheit – kennt und versteht. Diese Zielgestalt zu verwirklichen bleibt eine lebenslange Aufgabe. So charakterisiert ein Bodhisattva einen Menschen, der auf seinem Lebensweg nicht aufhört, persönliche und kollektive Schatten zu transformieren und sowohl Frieden als auch Weisheit im eigenen Lebensalltag zu verkörpern. Bodhisattvas sind außerdem machtvolle Helfer, denn sie versprechen, auf die Erleuchtung, das heißt, die Erfahrung der Einheit allen Seins und der unendlichen, gestalt- und formlosen letzten Wirklichkeit, so lange zu verzichten, bis auch alle anderen Lebewesen von ihrem Leiden erlöst und aus dem schicksalhaften Kreislauf von endlosen Wiedergeburten befreit sind. Bodhisattvas verzichten damit auch darauf, aus dem endlosen Kreislauf von Wiedergeburt befreit zu werden und allein ins Nirvana einzugehen.

Avalokiteshvaras herausragende Stellung im Kreis der Bodhisattvas zeigt sich auch in seinem Namen, der etymologisch zwei Bedeutungen hat. In der ersten Übersetzung „der Herr/Herrscher, der (die Welt) betrachtet"[68] leuchtet seine machtvolle Position auf. In der zweiten Auffassung als „Wahrnehmer der Töne (Hörer der Klagen der leidenden Wesen)"[69] kommt der Geist seines großen Erbarmens zum Ausdruck. Das universelle Mitgefühl lebt von verschiedenen Werthaltungen: dem „Geist der Gleichheit, Geist des Nicht-Erzeugens, Geist der Unbeflecktheit, Geist der Betrachtung der Leere, Geist der Hochachtung, Geist der Demut, Geist ohne Aufruhr, Geist der Nichtunterscheidung, Geist unübertroffener Erleuchtung."[70]

In der buddhistischen Volksfrömmigkeit gehört es zur Glaubenserfahrung, dass bereits das aufmerksame Rezitieren dieser Geisteshaltungen positive Ergebnisse zeigt. Für die magische Wunderwirkung ist es nicht einmal notwendig, den Sinn der Texte zu verstehen. Avalokiteshvara wirkt auf geheimnisvolle Weise. So wird er als Rettergestalt in unterschiedlichsten Notsituationen, bei Gefahren und Sorgen angerufen. Seine Wundertaten sind in mehreren Sammlungen mit zahlreichen Geschichten festgehalten und werden von Generation zu Generation weitererzählt. Sie tragen dazu bei, dass sich die Gläubigen im Strom der Geschichte und des Lebens eingebettet und aufgehoben wissen.

Avalokiteshvara wird Kanzeon

Avalokiteshvara hat seinen Ursprung in Indien. Laut einer Legende soll er aus einem Lichtstrahl des rechten Auges von Amitabha Buddha, einer Verkörperung der Gnade des unendlichen Lichtes, entstanden sein. Dieser Buddha spielt im späteren Leben von

68 *Lexikon der östlichen Weisheitslehren*, S. 29.

69 Ebd.

70 Maria Dorothea Reis-Habito, *Die Dharani des Großen Erbarmens des Bodhisattva Avalokitesvara mit tausend Händen und Augen*, S. 178.

Avalokiteshvara nochmals eine zentrale Rolle. Avalokiteshvara selbst ist ein regelrechter Verwandlungskünstler. Um seine Aufgaben, nämlich die Befreiung aller Lebewesen entsprechend ihrer Lebenssituation, mit Erfolg erfüllen zu können, ist er fähig, sich in dreiunddreißig verschiedenen Erscheinungsformen[71] zu zeigen – auch in der einer Frau.

Die endgültige Transformation dieses männlichen Bodhisattva in eine weibliche Figur lässt sich historisch nicht mehr genau nachvollziehen und verliert sich in der Dunkelheit der Zeit. Sie muss jedoch in China zwischen dem 8. und 11. Jahrhundert stattgefunden haben. Vom 12. Jahrhundert an wird er als Kuan Yin in China beziehungsweise Kanzeon in Japan überwiegend weiblich dargestellt. Forscher und Forscherinnen verschiedener Disziplinen haben nach den auslösenden Faktoren dieser doch bemerkenswerten Transformation gesucht. Psychologische Erklärungen werden aufgeführt wie beispielsweise, dass es Menschen leichter falle, eine weibliche Gestalt um Gnade, Mitgefühl und Vergebung zu bitten als eine männliche.[72] Andere Experten wie der Religionswissenschaftler Martin Palmer gehen davon aus, dass sich Kanzeon in der Begegnung mit dem Christentum, das sich über die berühmte Seidenstraße Richtung Osten ausbreitete, insbesondere in der Verbindung mit Maria, der Gottesmutter, herausgebildet habe.[73] Zur gleichen Zeit fand in Europa eine eindrückliche, fast parallele Entwicklung statt: die Verehrung der Muttergottes mit dem Höhepunkt im 11. Jahrhundert. In dieser Zeit wurden mehrere große Kathedralen gebaut. Die meisten von ihnen waren der Jungfrau Maria geweiht und nicht ihrem göttlichen Sohn.[74]

Umso erstaunlicher ist es, dass sich ein Jahrhundert vor Beginn der Inquisition in Europa, mit ihren schrecklichen Verbrechen insbesondere an Frauen, in China eine hoch angesehene religiöse

---

71 Katharina Epprecht, in: Kannon, *Katalog* Museum Rietberg, Zürich 2007, S. 15.
72 John Blofeld, zit. in: Wulfing von Rohr, *Kuan Yin*, S. 26.
73 Siehe dazu auch: Wulfing von Rohr, *Kuan Yin*, S. 18.
74 Bernard A. Lietaer, *Mysterium Geld*, S. 195.

männliche Gestalt in eine weibliche Göttin verwandelt. Was zudem überrascht, ist, dass in Indien und Tibet Avalokiteshvara nicht in die weibliche Form wechselt. Altes Weisheitswissen wird nicht ausgelöscht, sondern bleibt neben dem neuen bestehen. Ist dieser Schritt ein erstes Zeichen eines integralen Bewusstseins im Osten, eines Bewusstseins, das Erkenntnisse aus früheren Zeiten nicht abwertet oder ablehnt, sondern integriert und in eine neue Synthese bringt? Aus Sicht der Frau und für unser Thema der Freundschaftsbildung zwischen Lilith und Eva ist diese Umwandlung eine Ermutigung. Es brauchte wohl ein paar Jahrhunderte, bis sich Kanzeon in weiblicher Gestalt etablieren konnte. Trotzdem, Unmögliches scheint über die Zeit möglich zu werden. So dürfen wir hoffen, dass auch eine vor Urzeiten gebrochene Beziehung zwischen zwei Frauengestalten – die Beziehung zwischen Lilith und Eva – heilen kann.

Ein Auge in jeder Hand

Kanzeon heißt, ganz ähnlich wie Avalokiteshvara, übersetzt „diejenige, die die Schmerzensschreie im ganzen Universum hört". Die wohl häufigste Darstellung in Skulpturen und in der Malerei zeigt sie als anmutige weibliche Gestalt, wie sie in einer Lotusblume steht, mit elf Köpfen und tausend Armen, wobei sie in jeder Handfläche ein Auge trägt (siehe Abb. 6 im Bildteil). Wie er/sie zu diesen Attributen kam, wird in folgender Geschichte erzählt:

Eines Tages, als die Wehklagen der leidenden Schöpfung das für Kanzeon erträgliche Maß überschritten, zersprang ihr Kopf in tausend Stücke. Amitaba Buddha, der Buddha des Reinen Landes und Buddha der Heilung, erbarmte sich ihrer und sammelte die Stücke auf. Beim Zusammensetzen der Einzelteile geschah es dann, dass anstelle des einen Kopfes elf Köpfe entstanden. Ich muss gestehen, dass ich in den ersten Jahren das Flickwerk des Amitaba Buddha als typisch männliches Missgeschick deutete.

Doch später erkannte ich, dass ich einem Vorurteil aufgesessen war. In Wahrheit machte er ihr nämlich mit seinem vermeintlichen Schlamassel ein großes Geschenk. Sie konnte von nun an ohne große Anstrengung in die zehn Richtungen des Universums hören und blicken. Kanzeon lebt nicht ohne die machtvolle Unterstützung und Heilkraft eines hohen männlichen spirituellen Wesens. Das ist ihre erste Botschaft an uns Frauen, und darauf dürfen wir vertrauen. Erinnern wir uns: Mythen und Bilder sind wirkmächtig, beeinflussen unser Denken, Fühlen und Tun. In den jüdisch-christlichen Schöpfungsmythen verhält sich Gott ungleich anders als Amitaba Buddha. Er lässt Adam und Lilith allein in ihren Auseinandersetzungen. Und Eva bestraft er für ihren Ungehorsam unverhältnismäßig schwerer als Adam.

Amitaba Buddha schenkt Kanzeon eine wesentliche Qualität im Umgang mit Leiden. Sein Licht heilt nicht nur, sondern ermöglicht Kanzeon, in der Leichtigkeit zu bleiben. So vermag sie alle Schreie der Welt zu hören und sich von ihnen berühren zu lassen. Sie wendet sich nicht ab, auch wenn es für sie fast unerträglich wird. Durch ihre wache und offene Präsenz öffnet sie den Raum des Mitgefühls. Mitgefühl unterscheidet sich ganz wesentlich von Mitleid. Ersteres schafft einen sicheren, hellen und einfühlsamen Raum, in dem Menschen fähig werden, in Berührung mit ihren Schmerzen und ihrer Schuld zu kommen. In dieser Atmosphäre können Wunden beweint, beklagt und letztendlich geheilt werden. Menschen jedoch, die voll des Mitleids sind, drohen in den Tränen um das eigene Leiden und um das Leid anderer zu versinken. Sie sind damit für Menschen in Not eher eine Last als eine Hilfe. Kanzeon lebt von dieser Raum schaffenden, heilsamen Kraft des Mitgefühls. Sie bleibt dort jedoch nicht stehen. Indem sie auf die Schreie in der Welt antwortet, wächst ihr mit jedem Mal ein neuer Arm zu. In der Tiefe ihres Seins verankert, vertraut sie mit einem weiten, offenen Herz-Geist darauf, dass sie auf jedes Leiden einzigartig zu antworten vermag.

Über längere Zeit ist mir entgangen, dass sie neben den zweiundzwanzig Augen in ihrem Kopf in jeder ihrer tausend Handflächen, in manchen Darstellungen sogar an jedem Finger, ein Auge trägt. Sie hört also nicht nur außerordentlich gut, sie sieht ebenso ausgezeichnet. Während der Meditation über dieses Kennzeichen sind mir buchstäblich die Augen aufgegangen. Menschen und Wesen, die leiden, möchten nicht nur gehört, sondern in ihrem Schmerz auch gesehen werden. Das ist die zweite Botschaft von Kanzeon: Verschließe deine Ohren nicht und halte deine Augen offen, schau hin, wenn dir Leiden begegnet und vertrau darauf, dass dir die Inspiration zur heilenden Tat aus der ewig fließenden Quelle des Mitgefühls geschenkt wird.

Kanzeon steigt vom Himmel

Miao-Shan, eine chinesische Prinzessin, gilt allgemein als menschliche Manifestation der tausendhändigen Kanzeon. Ihre legendäre Geschichte wird in China und Japan seit dem 7. Jahrhundert in vielfältiger Weise erzählt.[75] Bei ihrer Geburt gab es bereits besondere Naturzeichen wie ein Erdbeben und das plötzliche Aufblühen vieler Blumen. Diese Naturereignisse wurden allgemein dahingehend gedeutet, dass eine besondere Seele auf der Erde angekommen war. Als Miao-Shan ins heiratsfähige Alter kam, weigerte sie sich, eine Ehe einzugehen, denn sie wollte ein zurückgezogenes, religiöses Leben führen. Mit dieser Lebensplanung war ihr Vater allerdings überhaupt nicht einverstanden. Er hatte ganz andere Pläne für seine anmutige und schöne Tochter. In seinem Zorn verpflichtete er die Unwillige als Dienstmagd im eigenen Palast. Als diese Maßnahme nichts nützte, ließ er sie endlich ziehen, ohne sein Ziel wirklich aufzugeben. So beauftragte er die Vorgesetzten im Kloster, in dem Miao-Shan Aufnahme gefunden hatte, seine Tochter mit großer Strenge zu behandeln, in der Hoffnung, dass

---

75 Vgl. Wulfing von Rohr, *Kuan Yin*, S. 9 ff.

sie dadurch reumütig ins Elternhaus zurückkehren würde. Als auch diese Anordnung nicht fruchtete, griff der Vater zu Gewalt. Er wies seine Soldaten an, alle Nonnen zu töten und danach den Kopf seiner Tochter zu ihm zu bringen. Miao-Shan wurde jedoch auf geheimnisvolle Weise gerettet. Fortan lebte sie unerkannt auf dem Berg Hsiang-shan.

Einige Jahre später erkrankte Miao-Shans Vater scheinbar unheilbar. Ein Mönch weissagte ihm, dass allein Arme und Augen eines zornfreien Menschen, aus denen er eine Medizin herstellen werde, ihn wieder gesund machen könne. So schickte der Vater Boten aus, auch zu dem inzwischen berühmt gewordenen Bodhisattva auf dem Berg Hsiang-shan. Miao-Shan war bereit für dieses Opfer. So konnte der Bote Arme und Augen zurückbringen, die der Mönch alsdann zu einer heilsamen Medizin verarbeitete. Schnell wurde der König gesund und seine Kräfte kehrten bald zurück. Zum Dank beschloss er, zusammen mit seiner ganzen Familie den Bodhisattva zu besuchen. Dort angekommen, erkannte die Königin ihre Tochter. Miao-Shan reagierte darauf mit folgenden Worten: „Erinnert sich meine Dame an Miao-Shan? Der Liebe meines Vaters gedenkend habe ich sie mit meinen Armen und Augen vergolten."[76] Und sogleich wurde sie entrückt. Miao-Shan erschien in der Luft als Bodhisattva mit Tausenden Armen und Augen.

Wie konnte diese Frau in der demütigenden und letztlich tödlichen Aggression ihres Vaters Liebe erkennen? Menschen wie sie haben offensichtlich unmittelbar Zugang zum unverletzten Teil ihres Wesens. Keine Drohung, keine Katastrophe, kein Verlust und auch kein Scheitern können sie aus dem inneren Gleichgewicht bringen. Und nicht nur dies. Sie leben in einer wachen Präsenz, strahlen Liebe, Güte und Zuversicht aus. Und mehr noch: Miao-Shan musste in ihrer Erkenntnisfähigkeit und Weisheit so fortgeschritten sein, dass sie „hindurchsehen" und hinter

---

76 Maria Dorothea Reis-Habito, *Die Dharani des Großen Erbarmens des Bodhisattva Avalokitesvara mit tausend Händen und Augen*, S. 301.

der hässlichen Fratze der Manipulation und Destruktivität ihres Vaters immer noch Liebe wahrnehmen konnte. Und noch etwas kommt in dieser Geschichte zum Ausdruck. Miao-Shan hält ihren Körper frei von allen negativen Gefühlen wie Zorn, Ärger, Wut und Angst und den vielfach daraus resultierenden destruktiven Reaktionen und Taten. In dieser Haltung und transformierenden Kraft wird sie zur Medizin für andere. Diese Fähigkeiten sind keinesfalls nur gottähnlichen Menschen gegeben. Die transpersonale Psychologie[77] zeigt, dass wir negativen Affekten nicht einfach ausgeliefert sind, sondern dass es Mittel und Wege gibt, das darin verborgene Potenzial in uns zu heben und frei zu werden von destruktiven Gefühlen.

Laut einer anderen Legende ging Miao-Shan freiwillig in den Tod und reiste durch die Hölle. Nach ihrer Auferstehung aus der Unterwelt erhielt sie erst nach langjähriger Meditation den Namen Kanzeon. Wie auch immer das Leben von Miao-Shan verlief, diese Legende erhöht die Stellung der Frauen im Buddhismus. Denn bis dahin war nicht eindeutig geklärt, ob Frauen das höchste Ziel des Weges erreichen können. Miao-Shan, die chinesische Prinzessin, hat den Beweis dafür stellvertretend für alle Frauen in der Zeit des Patriarchats angetreten. Und sie steht mit ihrem Gang durch die Hölle nach ihrem Tod in einer langen Tradition von großen weiblichen und männlichen Gestalten der Menschheitsgeschichte. Nicht zuletzt steht sie in der Nähe zu Jesus. Wie er ging sie freiwillig in den Tod und anschließend durch die Hölle. Nach ihrer Auferstehung ist sie – als Frau! – von Menschen, die sie verehren, in den Status einer Gottheit gehoben worden.

Wenn wir aus der Perspektive von Lilith und Eva auf das Leben dieser besonderen Frau schauen, dann erkennen wir die Züge beider Urfrauen in ihr. Miao-Shan kann sich anpassen, wenn es von ihr gefordert wird, und verliert dabei ihr Lebensziel nicht aus den Augen. Sie übt die Pflichten der Dienstmagd in

---

77 Die transpersonale Psychologie arbeitet explizit mit der spirituellen Herz-Intelligenz des Menschen.

großer Gelassenheit aus und bleibt sich selbst treu. Das können wir Frauen von ihr lernen: Selbst wenn wir „bloß" im Hintergrund wirken und anderen dienend zur Verfügung stehen, können wir uns selbst und unseren eigenen Lebenszielen treu bleiben.

Kanzeon hat sich in Miao-Shan in menschlicher Gestalt offenbart. Sie bleibt trotzdem himmlisch, ätherisch. Es fehlt ihr an Leidenschaft und Sinnlichkeit, Eigenschaften, die Lilith verkörpert. Sexualität und Erotik sind in den Lebensberichten von Miao-Shan kein Thema. Sie bleiben in der Schattenwelt dieses großartigen Lebens einer schönen und spirituell begabten Frau verborgen.

Die Drachentänzerin

Seit Jahrtausenden werden in allen Kulturen Kunstwerke geschaffen, um religiöse Wahrheiten für den suchenden Menschen zu verdeutlichen. Sie übernehmen eine Vermittlerrolle, die oft weiter reichen als schriftliche Darlegungen. Kanzeon mit tausend Armen und ebenso vielen Augen in ihren Handflächen wirkt, allein schon durch die Betrachtung der Gestalt, anregend auf die Entwicklung von Mitgefühl.

Eine zweite, völlig andere Darstellung von Kanzeon habe ich rein zufällig in Bangkok entdeckt. Auf dem Weg nach Chinatown kam ich an einer Straßenecke an einem unscheinbaren Tempel vorbei. Einem inneren, vagen Impuls nachgebend, betrat ich den zur Straße hin offenen Raum. Ungewohnt dunkel gehalten, zeugten die vielen brennenden Kerzen davon, dass er rege von frommen Menschen besucht wurde. Ich schaute mich neugierig um, und dann sah ich sie, überlebensgroß, wie die apokalyptische Madonna auf einem Drachen stehend, Kanzeon. Erst war ich berührt davon, dass in verschiedenen Kulturen an weit auseinanderliegenden Orten ähnliche Bilder für eine himmlische weibliche Gestalt gefunden wurden. Nach welchen Gesetzen konnte dies geschehen? Archetypisches, grenzüberschreitendes Weisheitswissen und Zeugnis eines kollektiven Bewusstseinsfeldes, das allen Menschen zugänglich ist? Ich blieb nicht bei diesen Fragen hängen, denn die Botschaft dieser Darstellung begann mich immer mehr zu faszinieren.

Kanzeon erhebt sich majestätisch über einem stürmisch wogenden Meer, das von einem Drachen aufgepeitscht wird. Mit ihren zarten Füßen steht sie auf seinem schuppigen Leib, der ihren Körper bis auf die Ebene des Herzens umfängt. Anders als in unserem Kulturraum, in dem der Drache den Bösewicht oder gar das Böse selbst symbolisiert, versinnbildlicht der Drache in Asien Spiritualität und Stärke, Weisheit und kosmische Kräfte der Transformation. Der Drache verkörpert Vitalität und Kraft und damit eine Weisheit, die nicht abgehoben, verflüchtigt im leeren Raum des Urgrundes ist, nein, sie ist verbunden mit der kosmischen Urkraft der Wandlung und zeigt sich mitten in den Stürmen und Herausforderungen des gewöhnlichen Alltags. So steht Kanzeon also da, inmitten von Gefahren im stürmischen Meer, gelassen und in sich ruhend. Das Meer symbolisiert unsere Alltagswelt, die verstrickt, aufgewühlt, manchmal auch geglückt und still, aber immer auch von Irrtum, Scheitern und Versagen geprägt ist. In einer Hand hält Kanzeon die Quelle des Mitgefühls, ein Gefäß, aus dem das Wasser des Mitgefühls immerwährend fließt. In der anderen Hand trägt sie einen Wedel, der ihre machtvolle Stellung bezeugt. Ihren Kopf kränzt ein Heiligenschein.

Diese Darstellung war in Japan in der Showa-Zeit, übersetzt: „Ära des Friedens", während der Regentschaft des Kaisers Hirohito (1926–1989) besonders beliebt. Bis 1945 war diese Ära jedoch eher vom gewaltigen Säbelrasseln der japanischen Armee als von Frieden geprägt. Noch heute tun sich die Verantwortlichen Japans schwer, die Gräueltaten anzuerkennen, die Japaner damals in China, Korea und auf den Philippinen verübten. Zum Ende des Zweiten Weltkrieges tat der Kaiser mit der Ankündigung der Kapitulation einen großen Schritt. Er verzichtete fortan auf den Anspruch seiner Göttlichkeit und ebnete den Weg zu einer demokratischen Gesellschaftsordnung in Japan. Ob ihm die Drachentänzerin Kanzeon bei diesem mutigen Schritt zur Seite stand?

Kanzeon und Zen

Kanzeon hat viele buddhistische Meister inspiriert. Sie haben über ihr Wesen gelehrt und geschrieben. So widmet ihr der berühmte japanische Zen-Meister Dogen Zenji im Shobogenzo, seiner ebenso berühmten Sammlung von Zen-Unterweisungen, ein eigenes Kapitel. Er beginnt mit einer Zen-Geschichte:

> „Der große Meister Ungan Muju besuchte den Meister Shuitsu auf dem Berg Dogo und fragte: ‚Warum hat der Daihi Bodhisattva (Name für Kanzeon; Anm. d. Autorin) so viele Hände, die verschiedene Geräte halten, und warum hat er an jedem Finger Augen?' Dogo antwortete: ‚Er ist wie jemand, der während der Nacht von seinem Kopfkissen rutscht und danach greift, während er ruhig weiterschläft.' Ungan sagte: ‚Ich verstehe vollständig.' Dann fragte Dogo: ‚Was verstehst du?' Ungan erwiderte: ‚Hat Daihi auf seinem ganzen Körper Hände und Augen?' Dogo sagte: ‚Deine Antwort ist richtig, jedoch ist das nicht genug.' Ungan fragte nochmals: ‚Ich weiß nur, was ich geantwortet habe. Was willst du noch?' Da sagte Dogo: ‚Der ganze Körper von Daihi sind Hände und Augen.'"[78]

In dieser Zen-Geschichte prüfen sich zwei Meister gegenseitig, wie tief sie das Wesen von Kanzeon ergründet haben. In ihrem Gespräch wird deutlich, welche Schritte zu gehen sind, bis wir Kanzeon im eigenen Leben verkörpern. Am Anfang steht die

---

78 *Dogen Zenji's Shobogenzo*, S. 87 ff.

selbstverständliche, fast automatische Reaktion auf ein eigenes Unwohlsein oder ein kleines Missgeschick, das anderen zustößt, wie dass man etwa jemandem, der stolpert, spontan zu Hilfe kommt. Die zweite und dritte Antwort unterscheiden sich auf den ersten Blick kaum: Einmal hat Kanzeon auf ihrem Körper Hände und Augen, dann besteht ihr ganzer Körper aus Händen und Augen. Der wesentliche Unterschied besteht darin, dass alles, was wir haben, uns auch genommen werden kann, so auch das Mitgefühl. Doch alles, was wir sind, hat Bestand, auch in stürmischen Zeiten. So lauten die drei Entwicklungsschritte: Unbewusstes mitfühlendes Tun entwickelt sich dazu, dass wir Mitgefühl haben, und wird in seiner kraftvollsten Form zu Mitgefühl, das wir im wahrsten Sinn des Wortes verkörpern. Es ist so tief in uns eingesunken, dass wir spontan von innen angeregt werden, mitfühlend da zu sein.

Aus der Perspektive des Zen hat Kanzeon das höchste Ziel erreicht. Sie verkörpert den Urgrund allen Seins und ist deshalb völlig frei. Ihre Freiheit ist nicht Selbstzweck, sie nimmt sich der leidenden Menschen an, hört ihnen zu, sieht sie an, lässt sich von ihrem Schmerz berühren und findet Wege, ihnen zu helfen. Menschen, die den Zen-Weg gehen, werden heute noch eingeladen, in die Größe der Kanzeon hineinzuwachsen, um Kanzeon zu werden und universelles Mitgefühl zum Ausdruck zu bringen. Einige mögen jetzt einwenden, dass Dogen wie viele andere berühmte Zen-Meister in einer Zeit lebte, als es noch keine modernen Kommunikationsmittel gab und Menschen nicht täglich konfrontiert wurden mit Katastrophen, Gräueltaten und Kriegen in aller Welt. Wen wundert es, wenn wir nicht mehr hinhören oder hinsehen können, abgestumpft sind vom unsäglichen Leid, das Millionen von Menschen täglich erfahren. Ist es nicht vermessen im Blick auf diese Situation, Kanzeon immer noch als Idealtypus des Menschen zu betrachten? Müssen wir auf dem Weg, Mitgefühl zu leben, nicht angesichts der uns schier überfordernden Menge an Leid kläglich scheitern?

Nein, und nochmals nein. Männer wie Frauen können das große Mitgefühl von Kanzeon in der Welt verkörpern, so wie es beispielsweise Sami Awad tut, ein Palästinenser, der in Amerika studiert hat, und heute das Zentrum für Gewaltfreie Kommunikation in Bethlehem leitet. Ich habe ihn bei einer Konferenz zur Aussöhnung zwischen Israelis und Palästinenser kennengelernt und war beeindruckt von seiner gewaltfreien Ausstrahlung. In einem der Gespräche sagte er: „Wir Palästinenser müssen und können den Israelis helfen, die Wunden des Holocaust zu heilen." Solche Menschen sind für mich Inspiration, an die Macht und Kraft von Kanzeon in der heutigen Zeit zu glauben.

Teilnehmendes Dasein

In Bernie Glassman Roshi habe ich einen Zen-Meister kennengelernt, der einen Weg aufzeigt, wie wir an dieser Aufgabe wachsen und reifen können.[79] Er hat dazu drei Leitlinien für seine Zen-Peacemaker-Gemeinschaft entwickelt und nennt sie: Nicht-Wissen (*not knowing*), Zeugnis ablegen (*bearing witness*), das ich lieber mit „teilnehmendem Dasein" übersetze, und liebevolles Handeln (*loving action*). Nicht-Wissen ist eine Haltung der absoluten geistigen Offenheit, frei von Konzepten und lieb gewordenen Gewohnheiten. Gelingt es, in diesen offenen, weiten Bewusstseinsraum einzutreten, sind wir präsent und gewahr, was im Moment passiert. Diese Haltung zu erreichen und zu bewahren ist in der heutigen Zeit nicht einfach, denn wir werden kontinuierlich von Reizen überflutet. Zudem ist ein gewisser Anspruch allgegenwärtig, dass etwas immer von Nutzen sein soll. Einfach nur in den gegenwärtigen Augenblick absichtslos eintauchen, wer kann sich diesen Luxus heute noch leisten? Diese Frage mögen einige Leserinnen und Leser stellen. Dem möchte ich entgegenhalten: Die wahre Kraft liegt im Augenblick.

---

79 Bernard Glassman, *Zeugnis ablegen*, S. 220.

Nur in der Gegenwart geschehen die Dinge. Nur im Jetzt kann gedacht, gehandelt und gefühlt werden. Nur im Jetzt kann Kanzeon in uns lebendig werden.

Dieses Gegenwärtig-Sein können wir entwickeln, indem wir üben, entspannt, bei gleichzeitiger klarer Wachheit und ohne Absicht da zu sein. Wir stellen unseren Modus, in der Welt gegenwärtig zu sein, ganz einfach auf Empfang. Zu dieser Geisteshaltung gehört, dass wir die mentale Intelligenz und unseren Willen sozusagen auf „passiv" stellen und für diese Zeit nichts erklären, einordnen, bewirken oder erreichen wollen.

„Zeugnis ablegen" ist die wohl schwierigste der drei Übungen. Dafür ist es nötig, teilnehmend gegenwärtig zu sein und sich vom Leid und der Freude der Menschen berühren zu lassen, ohne in einen Aktivismus zu verfallen oder sich distanziert abzuwenden. Daraus erwächst ganz natürlich eine liebevolle, heilende Tat, das liebevolle Handeln. Um in diese Weisungen hineinzuwachsen, lädt Glassman Roshi regelmäßig zu Bearing Witness Retreats ein. Diese besonderen Reisen führen an Orte des Schreckens wie Auschwitz oder Ruanda. Ich habe selbst zweimal an einem Auschwitz-Retreat[80] teilgenommen. Viele scheuen davor zurück, Orte zu besuchen, an denen solche Gräueltaten geschehen sind, weil sie die Vorstellung haben, dabei zu Voyeuren zu werden. Wer bei einem Bearing Witness Retreat war, weiß aus eigener Erfahrung, dass die Haltung des Nicht-Wissens und des Zeugnis-Ablegens jede Form der Distanzierung recht bald zum Schmelzen bringt und der Gang durch die „Hölle menschlichen Leids und menschlicher Brutalität" unvermeidlich wird.

Es ist nicht jedermanns/jederfraus Sache, an solchen außerordentlichen Reisen teilzunehmen. Es ist auch nicht notwendig, denn wir können uns jeden Tag, wo immer wir sind, einsetzen für Frieden und damit das Feld des Mitgefühls stärken, das den Globus wie ein Mantel umhüllt. In der Zen-Tradition, in der

---

80 Siehe dazu: Anna Gamma, *Lichtheilung als Weg zum Frieden*, S. 39 ff.

ich geschult wurde, wird die letzte Meditationseinheit des Tages einem konkreten Krisenherd in der Welt gewidmet. Nicht selten berichten Teilnehmende, dass sie in dieser Meditation intensivste Erfahrungen gemacht haben. Manchmal scheint es mir, als würde Kanzeon mit uns meditieren und uns beschenken mit ihrer erhabenen Stille, die alles Leid der Welt zu umfassen vermag.

Kanzeon – eine weibliche Ahnfrau

Wie schon erwähnt, wissen wir nicht mit Sicherheit, woher der Impuls zur Transformation von Avalokiteshvara in die weibliche Kanzeon kam. War es die Begegnung mit Maria, der Mutter Gottes, deren Statuen ihrerseits inspiriert waren von der ägyptischen Göttin Isis, Tochter der Nut und Mutter von Horus? Doch eines ist gewiss: Während der Christenverfolgung in Japan zwischen dem 17. und 19. Jahrhundert wurde Kanzeon zu einer Zuflucht für Christen. In dieser Zeit war es verboten, christliche Symbole und Statuen zu besitzen. Damals zeigte sich die innere Verwandtschaft dieser Frauengestalten darin, dass Christinnen und Christen Maria scheinbar mühelos in Kanzeon verehren konnten. Heute ist eine solche Kanzeon-Maria-Figur auf dem Grabmal von Yamada Roshi in Kamakura zu finden, einem Zen-Meister, der im vergangenen Jahrhundert auch mehreren Christinnen und Christen die offizielle Zen-Lehrerlaubnis erteilte. Das Besondere an dieser Statue ist, dass diese Kanzeon die Erde liebevoll wie ein Kind in ihren Händen hält. Der Künstler brachte damit offensichtlich zum Ausdruck, dass in dieser Figur eine zeitlose, über alle Kulturen reichende, weibliche Ahnfrau verehrt wird, welche stark und weise genug ist, für die Erde zu sorgen.

Kanzeon und Maria

Kanzeon und Maria scheinen eine tiefe Verwandtschaft miteinander zu haben, die nicht nur in Abbildungen und Statuen zum Ausdruck kommt. Ich erkenne ihre Nähe und Zugehörigkeit, wenn Pia Gyger beispielsweise in einem ihrer Bücher[81] Maria als Lehrerin der neuen Macht vorstellt und schreibt: „Sie (die neue Macht; Anm. d. Autorin) wird geboren in der Stille des Herzens vor allem Tun. Sie ist getränkt von der OHN-MACHT der Liebe. ‚Dein Wille geschehe‘ ist ihre Nahrung. Die Stärke der neuen Macht entspricht eurem Durst zu dienen." In solchen Texten zeigt sich die große Nähe dieser Frauengestalten. Es wird Zeit, sich Maria zuzuwenden.

Übungen

Öffnung des unverletzbaren Seelenraumes

Diese Übung aus der transpersonalen Psychologie erlaubt durch Disidentifikation, das Spektrum menschlicher Gefühle angstfrei anzunehmen und in Freiheit mit ihnen umzugehen. Sie fördert zudem die Entwicklung von Furchtlosigkeit und Freiheit, beides Qualitäten von Kanzeon.

1. Suche einen ruhigen Ort auf, wo du nicht gestört werden kannst. Setze dich bequem hin. Richte deine Aufmerksamkeit auf deinen Atem. Lass den Atem kommen und gehen, ohne ihn zu steuern oder zu kontrollieren. Sei einfach da.

---

81 Pia Gyger, *Maria – Tochter der Erde, Königin des Alls*, S. 152.

2. Nimm den Körper wahr von Kopf bis Fuß. Lass dazu deine gesammelte Aufmerksamkeit durch den ganzen Körper wandern. Nimm wahr, wie du dich dabei entspannst und im gegenwärtigen Augenblick ankommst. Du wirst feststellen, dass sich die Wahrnehmung des Körperinnenraumes klärt und vergrößert. Halte die Übung einfach.

3. Bleib in diesem nicht-wertenden Gewahrsein, wenn du verschiedene Gefühle explorierst und kehr zur einfachen Atmung zurück, wenn du spürst, dass du dich aus der Einfachheit des Augenblicks in Geschichten aus deinem Lebensalltag verloren hast.

4. Vergegenwärtige dir eine Situation, in der du Ärger empfunden hast. Lass die Erinnerung ganz lebendig werden.

5. Sag zu dir selbst: „Ich habe Ärger. Ich bin mehr als Ärger." Wiederhole diese Aussage: „Ich bin mehr als Ärger", bis du erfüllt bist von innerem Frieden und Gelassenheit.

6. Wende dich nun auch anderen Gefühlen zu wie Angst, Wut, Zorn, Ungeduld ... und verfahre damit wie mit dem Ärger.

Liebende Güte – Metta-Meditation

Eine wunderbar einfache, aber nicht weniger kraftvolle Meditation aus der buddhistischen Tradition ist die Metta-Meditation (Liebende-Güte-Meditation). Sie heilt uns zunächst von negativen Selbstbildern und stärkt unsere Herzenskraft der liebevollen Güte. Liebe zu uns selbst verbündet sich mit der Liebe zu anderen Menschen, egal ob es sich dabei um Freundinnen und Freunde, Fremde oder Menschen, mit denen wir Schwierigkeiten haben, handelt.

In einem ersten Schritt werden folgende Sätze im Geiste gesprochen:

„Möge ich geborgen sein.

Möge es mir gut gehen.

Möge ich heiter und glücklich sein.

Möge ich voll Friede sein.

Möge ich gesegnet sein."

Wichtig ist dabei, die Qualitäten zu wählen, die eine positive innere Resonanz auslösen.

In einem zweiten Schritt werden ähnliche Sätze für Freunde und Freundinnen, Fremde oder die Menschen, mit denen wir Schwierigkeiten haben, gesprochen:

„Möge es dir gut gehen.

Mögest du glücklich sein.

Mögest du gesegnet sein."

Das Geschenk dieser Meditation ist eine Geisteshaltung voll heiterer Gelassenheit, wie sie die Bodhisattva Kanzeon beispielhaft verkörpert.

Nicht-Wissen

Unser Alltagsgeist ist geprägt von machtvollen Automatismen. Wir bewerten, kontrollieren, „schubladisieren" und verurteilen oft schnell. Immer wollen wir etwas erreichen, und alles muss irgendeinen Nutzen haben. So werden wir zu Gefangenen unseres Aktivismus und Machbarkeitswahns.

Die Geisteshaltung des Nicht-Wissens lebt von einer vorbehaltlosen Vorurteilslosigkeit. Dazu ist es notwendig, dass wir aufhören, Menschen und Dinge einzuordnen, und stattdessen die Haltung des achtsamen Gewahrseins üben. Stell also deine

Antennen auf Empfang. Es gibt dabei nichts zu tun, sondern ein einfaches, bloßes Gegenwärtigsein zu üben.

Diese Haltung wird unterstützt, wenn du die Sinne des Herzens öffnest, mit den Augen des Herzens siehst und mit den Ohren des Herzens hörst. Du wirst sozusagen *zwischen* den Worten wichtigere Mitteilungen empfangen als durch das, was tatsächlich ausgesprochen wurde. Und du wirst erkennen, was du mit physischen Augen niemals sehen kannst.

Zeugnis ablegen

Um diese Haltung zu verkörpern, braucht es lange Übung. Sie baut auf der Geisteshaltung des achtsamen Gewahrseins auf und vertieft sich im teilnehmenden, mitfühlenden Dasein. Folgende Übung, ein Gespräch zu zweit, kann diese Fähigkeit in uns stärken:

Die Paare entscheiden, wer zuerst spricht und wer zuerst zuhört. Diejenige Person, die zuhört, übt sich im einfachen Gegenwärtigsein. Sie hört einfach nur zu, sagt nichts, tut nichts, verzichtet auf ein Nicken, ein Zustimmen, eine Berührung. Sie ist einfach da, präsent, gegenwärtig. Sie ist aufgefordert, achtsam in ihrem eigenen Atem zu sein und offen, absichtslos im Zuhören und vertrauend darauf, dass das Gegenwärtigsein genügt.

Die sprechende Person nimmt sich einen Augenblick Zeit, um sich eine schwierige Situation in Erinnerung zu rufen. Sie wird dann über dieses Erlebnis fünf Minuten ohne Unterbrechung berichten.

Wenn die Sprecherin/der Sprecher beginnt, atmet die Zuhörerin/der Zuhörer tief und gleichmäßig. Er beziehungsweise sie ist freundlich, gegenwärtig für das Gesagte und gleichzeitig achtsam auf die Impulse, zu kommentieren, Ratschläge zu erteilen, die Situation zu ändern oder zu festigen. Diese Impulse werden nicht ausagiert.

Es lohnt sich, sich am Ende der fünf Minuten mit folgenden Fragen über die Erfahrungen auszutauschen: Wie war es, in dieser Weise zuzuhören? Was haben die Sprechenden erlebt, wenn das Gegenüber nicht reagiert? Dann erfolgt der Rollentausch.

EIN NAME, ZWEI FRAUEN –
die Wiederkehr von Lilith und Eva

Maria, Mutter Jesu

Wer kennt sie nicht, die junge Frau aus Nazareth, die mutig genug war, einem gesellschaftlichen Skandal zu trotzen und unverheiratet einer Schwangerschaft zuzustimmen? Sie sollte ein Kind gebären, dessen Name in der Welt weithin bekannt sein würde, doch bis dahin hatte sie einen schweren Weg zu gehen. Woher nahm sie die Kraft und den Mut, ihr Schicksal anzunehmen und Ja dazu zu sagen, Mutter eines außergewöhnlichen Kindes zu werden, das im jungen Mannesalter einen grässlichen Foltertod sterben sollte? Doch davon wusste sie als junge Frau natürlich noch nichts (siehe Abb. 7 im Bildteil). Sie war geleitet vom großen JA zum Leben, das durch sie ins Leben kam. „Mir geschehe, wie du gesagt hast", war die Antwort an den Engel, der ihr die Botschaft der besonderen Schwangerschaft überbrachte. Dieses „mir geschehe" ist Ausdruck einer uneingeschränkten Bereitschaft zur Hingabe an das ureigene Wesen und den darin verborgenen einzigartigen Lebensentwurf. Nicht wissend, was sie erwartete, vertraute sie, dass der göttliche Urgrund, der in ihr in besonderer Weise Gestalt annahm, es gut mir ihr meinte. So wurde sie zum Gefäß, in dem der sich in Worte nicht zu fassende Urgrund allen Seins sich seiner Allmacht restlos entäußerte und als Mensch offenbarte, das heißt, den Werde- und Entwicklungsprozess vom Fötus bis zum völlig auf äußere Hilfe angewiesenen Neugeborenen durchlief. In diesem Geschehen wurde Marias Körper exemplarisch zum einzigartigen Heiligtum, zum Tempel eben jener schöpferischen Kraft und Intelligenz, die das Universum vor Milliarden Jahren aus dem Nichts erschuf und es in einem fortdauernden Entfaltungsprozess weiterentwickelt.

Wir erinnern uns: Im ersten Buch Moses steht, dass der Mensch als Mann und Frau Abbild des Urbildes der Schöpfung ist, die Gottheit sich also gleichsam im Menschen spiegelt. Diese Sicht auf Gott, die Welt und auf die besondere Stellung des Menschen in der Schöpfung sollte sich in Maria noch einmal verdichten. Die Gottesgeburt ist ein machtvolles Zeichen in der Menschheitsgeschichte. Maria wird durch ihr uneingeschränktes JA zur Projektpartnerin der universellen Schöpferkraft, zur Gebärerin dessen, der sie erschuf. Sie verkörpert eine unermessliche Größe und einen unüberbietbaren inneren Reichtum, zu dem jeder Mensch – wie sie – berufen ist. So steht in der Einführung zu einem Pilgerführer von Lourdes, einem der größten Maria geweihten Wallfahrtsorte: „Haben Sie keine Angst, heilig zu werden, öffnen Sie sich nur der Liebe, die Ihnen angeboten wird. So werden Sie die Liebe in die Welt hineintragen. Sie werden ,Mutter-Gottes' für die Welt von heute werden."

Maria, die zweite Eva

Die Evangelien berichten wenig über das konkrete Leben dieser Frau. Wohl tritt sie an einigen exponierten Stellen im Leben ihres Sohnes auf, doch alle stehen unter dem Zeichen eines drohenden Abschieds oder Scheiterns. So weiß sie zunächst nicht, ob ihr Verlobter Josef zu ihr hält, wenn sie sich ihm als schwangere Frau offenbart. Seine Weigerung hätte in der damaligen Zeit den Tod für Mutter und Kind bedeutet. Sie verdankt ihr Leben und das Leben des göttlichen Kindes einem Traum[82] ihres Verlobten Josef. Dieser Mann hatte die Gabe, auf seine Tiefenimpulse zu hören und nicht nur dies. Er war gleichzeitig bereit und mutig genug, die herausfordernde Botschaft seines Traumes ernst zu nehmen und in die Tat umzusetzen. Monate später finden Josef und Maria nur mühsam einen sicheren Ort für die bevorstehende Geburt, an einer Futterkrippe in einem Stall. Und kaum ist das Kind da, ist es bereits vom Tode bedroht. Herodes, der

---

82 Siehe dazu: Mt. 1, 19 ff.

173

König von Judäa, trachtet aus Angst vor Machtverlust nach dessen Leben. Als Jesus zwölf Jahre als ist, verlieren die Eltern das Kind auf dem Heimweg von der Jerusalem-Wallfahrt aus den Augen, und zum ersten Mal wird Maria vom selbstbewusst auftretenden Sohn ermahnt. Jahre später fordert sie ihn heraus, ein Wunder zu wirken und damit zu seiner Seinsmacht zu stehen, indem er bei einer Hochzeitsfeier die Peinlichkeit des Mangels an Wein beheben und Wasser in Wein verwandeln soll. In der Verbundenheit zur eigenen Seelentiefe erkennt sie das besondere Potenzial in ihrem Sohn. Mit dieser Aufforderung, sein erstes öffentliches Wunder zu vollbringen, stößt sie ihn gleichsam aus der behüteten Familienzeit in sein öffentliches Leben. Sie fordert, unterstützt und begleitet ihn gelegentlich auf seinen Wanderschaften. Sie hält sogar seine öffentliche Zurückweisung aus und auch, dass er andere Menschen ihr vorzieht. Und sie ist ihm schließlich nahe, als er einen qualvollen Tod am Kreuz stirbt. Indem sie Ja sagt zu diesem grauenvollen Verlust, wächst sie noch einmal über sich selbst hinaus. Sie wird zur neuen Eva, zur Mutter der Menschheit.

Die Gemeinschaft der Nachfolgerinnen und Nachfolger ihres Sohnes gab Maria im Laufe der Jahrhunderte, ja Jahrtausende, viele Ehrentitel, so als wäre sie mit der Entwicklung der Christen auch nach ihrem Tod weitergewachsen. In der Lauretanischen Litanei[83] wird ihre herausragende Stellung als Königin der geistigen und materiellen Welt eindrücklich besungen. So wie sie ihren Sohn in seiner Tiefe erkannt hat, wurde und wird sie von vielen Menschen in ihrem Wesen erfasst. Vier ihrer Titel, nämlich „die Gottesgebärerin", „Jungfrau", „die, die ohne Erbsünde ist" und „die, die mit Leib und Seele in den Himmel aufgenommen worden ist" hat die katholische Kirche dogmatisch festgelegt.

---

83 Vollständigen Text siehe unter www.lauretanische-litanei.de.

Maria – Prototyp des Menschen

Die meisten kirchenkritischen Menschen tun sich schwer mit Dogmen, in denen die Amtskirche göttliche Offenbarungen in Lehrsätzen für die Gläubigen verbindlich festhält. Während meiner spirituellen Ausbildung im Katharina-Werk nahm ich zum ersten Mal befreiend auf, dass in ihnen weit mehr als nur Glaubensinhalte normativ formuliert sind. In ihnen wurden die Erfahrungen einer Vielzahl gläubiger Christen verdichtet. So können sie sehr wohl in ihren Kernaussagen auch für Menschen von heute Inspiration und Weisung geben für ein erfülltes und glückliches Leben. Pia Gyger, damals beauftragt, die Spiritualität der Gemeinschaft grundlegend zu erneuern, war die Frau, die mich auf diese Spur brachte. Ich lehne mich im Folgenden an ihre Interpretation an.[84]

Im ersten Mariendogma, das auf dem Konzil von Ephesus im Jahr 431 formuliert wurde, erhält Maria den ersten Titel, *Theotokos, Gottesgebärerin*. In diesem Lehrsatz ist die Erkenntnis festgehalten, dass Maria, und mit ihr jeder Mensch, Gefäß der Gottheit ist. Angelus Silesius, der Autor zahlreicher Verse, die von mystischer Tiefe sprechen, bringt dieses Dogma folgendermaßen auf den Punkt: „Wäre Christus tausendmal in Bethlehem geboren, und nicht in dir, du wärst noch ewiglich verloren."[85] Wer sich von diesem Dogma berühren lässt, wird eingeladen, alle negativen Selbstbilder loszulassen und offen zu werden für die göttliche Wirklichkeit in sich selbst. Es zeigt im Letzten den Weg zur Selbstermächtigung, die im Urgrund allen Seins verwurzelt ist. In diese Größe hineinzuwachsen braucht viel Mut.

Mit ihrem zweiten Titel, *Aeiparthenos, ewig Jungfrau*, den sie auf dem Konzil von Konstantinopel 553 erhielt, wurde Josef definitiv die Vaterschaft in Bezug auf Jesus abgesprochen. Damit

---

84 Pia Gyger, *Mensch verbinde Erde und Himmel*, S. 64 ff., und Pia Gyger,
  Maria –Tochter der Erde, Königin des Alls, S. 24 ff.
85 Angelus Silesius, *Der Himmel ist in dir*, S. 56.

erinnert Maria an die Göttinnen der Steinzeit[86], die jungfräulich waren in dem Sinne, dass sie selbstbefruchtend Leben aus sich selbst schufen. Wer jedoch bei der körperlichen Interpretation dieses Glaubenssatzes stehen bleibt, verfehlt seinen tieferen Sinn. Es geht nicht um das unverletzte Hymen von Maria und auch nicht um Sexualfeindlichkeit. Jungfräulichkeit meint hier vielmehr die vollständige Hingabe an Gott, die Mitte unseres Seins. Es meint, sich in allem von Gott bestimmen zu lassen, keinem anderen zu „gehören". Im Gebet von Bruder Klaus, dem Schweizer Nationalheiligen, wird diese Haltung wunderbar zusammengefasst: „Du mein Gott, nimm alles von mir, was mich hindert zu Dir. Du mein Gott, gib alles mir, was mich führt zu Dir. Du mein Gott, nimm mich mir und gib mich ganz zu eigen Dir."

Den dritten und vierten Titel erhielt Maria erst in den letzten beiden Jahrhunderten. Beide waren nicht das Resultat eines konziliaren Diskurses, sondern wurden von Päpsten verkündet: 1854 das Dogma von *Maria Immaculata Concepta – unbefleckt Empfangende –* und 1950 *Maria Assumpta – die mit Leib und Seele zum Himmel Erhobene.* Damit wird Maria zur Königin des Alls erhöht.

Der Titel „Die unbefleckt Empfangende" bedeutet, dass Maria nicht wie alle anderen Menschen an der Erbsünde teilhat. Es ist mehr als verständlich, dass sich viele Menschen mit dem Begriff der Erbsünde schwertun. Der naturwissenschaftliche Geist findet dafür bloß ein müdes Lächeln: Wie sollte sich so etwas Hochpersönliches wie Sünde vererben lassen? Doch Forscher wie Teilhard de Chardin versuchten, die Kluft von Religion und Naturwissenschaft zu überbrücken. Mit seinem Denken interpretierte er die traditionelle Lehre auf kreative Weise neu, indem er eine These zur Erbsünde aus evolutiver Sicht formulierte.[87] Teilhard ist überzeugt, dass die Ursache des Bösen und der Mühsal nicht auf den Mythos der paradiesischen Ursünde von

---

86 Marija Gimbutas, *Die Zivilisation der Göttin*, S. 223.
87 Adolf Haas, *Teilhard de Chardin Lexikon*, S. 273.

Adam und Eva zurückzuführen sind. Das Böse und die Mühsal des Wachsens und Werdens[88] sind sozusagen der Preis für die dynamische Entwicklung des Universums, das nicht von Anfang an deterministisch festgelegt ist, sondern tastend vorangeht und schließlich in der Freiheit des Menschen gipfelt. Mit seiner Sicht schuf sich Teilhard mächtige Feinde in der Kirche. Pioniere haben es immer schwer, sie polarisieren. So können sie von einer engagierten Gruppe frei denkender Menschen große Zustimmung erfahren, während sie wiederum von anderen mit Häme belegt werden. Sie müssen wie Teilhard de Chardin damit rechnen, dass sie aus Gruppen und Institutionen ausgeschlossen werden.

Maria Immaculata Concepta kann uns beistehen, wenn wir Neues im Denken und Handeln wagen. Sie steht für den neuen Menschen, der sich aufmacht, die Fesseln unbewusster Programmierungen und machtvoller Gewohnheitsenergien zu erkennen und sich davon zu befreien. Dadurch werden wir fähig, die Zukunft in der Gegenwart zu leben. Maria verlockt uns zu einer neuen Beziehung mit uns selbst, mit den Mitmenschen, der Erde und dem Universum.

Pia Gyger interpretiert Maria Assumpta als Urbild des neuen Menschen, in dem die Transformation der Materie nicht erst mit dem Tod beginnt. Die Lichtmaterie ist ein in uns brachliegendes Potenzial. Wenn wir uns auf diese Verheißung einlassen, wird sich unser Umgang mit unserem Körper radikal verändern. Nicht die Askese der Unterdrückung und Verdrängung führt uns auf diesem Weg, sondern die Askese der Entfaltung. Asketische Übungen dienen ganz allgemein dazu, die Persönlichkeit durch Verzicht und Disziplinierung zur Vollkommenheit zu entwickeln. So lebt die Askese der Entfaltung auch von diesen Tugenden. Verzichtet wird nur dann, wenn oberflächliche Bedürfnisse sich gegen Tiefenimpulse stellen. Das verlangt eine große Wachheit und Offenheit für die innere Stimme. Und Disziplin wird nicht um der Disziplin willen geübt, sondern um Fähigkeiten zu Fertigkeiten

---

88 Pierre Teilhard de Chardin, *Das Tor in die Zukunft*, S. 43.

zu entwickeln. Dazu braucht man einen langen Atem und eine liebevolle Strenge.

Wer sich von Maria Assumpta inspirieren lässt und es wagt, sich für die Lichtmaterie zu öffnen, nimmt den eigenen Körper immer häufiger als vom GEIST durchdrungene, kostbare Materie wahr. Diese Erfahrung ist begleitet von einer tiefen Dankbarkeit, als einzigartiger Mensch in einem sich stetig weiterentfaltenden Universum leben zu dürfen. Der Tod verliert seinen Schrecken. Er wird als Tor im Kontinuum des Lebens erkannt.

Maria, die Hure

Maria, der Mutter Jesu, wurden im Laufe der Zeit viele Ehrentitel zuteil. Sie erbte einige Attribute von Göttinnen aus dem Mittelmeerraum der damaligen Zeit, wie beispielsweise den bergenden und schützenden Sternenmantel der göttlichen Nut, der auch als Deckenmalerei in den Maria geweihten Kirchen und Kathedralen zu finden ist. In der patriarchalen Zeit war und ist es einfacher, eine Große Mutter zu ehren und zu verherrlichen, als einer ebenbürtigen Partnerin den ihr gebührenden Platz zu geben. Leidenschaft, Sexualität und Erotik einer wilden, schönen Frau mögen zwar Männerherzen höherschlagen lassen, die Faszination kann jedoch auch verunsichern und ängstigen. Diese Gefühlszustände sind gefährlich, sie haben in einer männerdominierten Gesellschaft keinen Platz, werden negativ bewertet und deshalb gerne abgespalten. Alles Verdrängte bestimmt jedoch, mehr als wir wahrhaben wollen, unser Denken und Verhalten. Und alles Unterdrückte findet irgendwann und irgendwie seinen Weg an die Oberfläche. Das Besondere an der heutigen Zeit besteht darin, dass vieles tief Verborgene und lange Zeit gut versteckt Gehaltene aufgefunden wird und an die Öffentlichkeit kommt. Wir leben in einer Zeit der zunehmenden Transparenz, mit allen Vor- und Nachteilen, die dies mit sich bringt.

Menschen, die Maria und ihre Entwicklungsgeschichte erforschen, entdecken irgendwann, dass sich in ihr viele Attribute der Großen Mutter verdichtet haben. Wenn Maria jedoch als Braut Christi[89] dargestellt wird, dann wird deutlich, dass sich hinter ihr eine zweite Frau verbergen muss. Eine Differenzierung steht an. Es wird Zeit, dass Maria davon entlastet wird, Mutter und Partnerin gleichzeitig sein zu müssen. Und es wird Zeit, dass die Partnerin aus der Verborgenheit hervortreten darf, Maria Magdalena.

Aber wer war sie, diese geheimnisvolle Gestalt, Maria Magdalena? Wie stand sie zu Jesus und er zu ihr? Wie kam sie dazu, in großer Nähe dabei zu sein, als seine verheißungsvolle Mission mit einem brutalen Tod endete? Und wie konnte es sein, dass sie als Erste die ungeheuerliche Transformation Jesu erkannte und zur ersten Verkünderin seiner Auferstehung werden konnte?

In der christlichen Tradition wird allgemein davon ausgegangen, dass Maria Magdalena eine Sünderin war, die von Jesus geheilt wurde. Im Jahr 591 verkündete Papst Gregor I. gar, dass sie eine Hure gewesen sei. Erst 1969 hob die katholische Kirche diese Bewertung offiziell auf und erkannte damit an, dass in der Überlieferung im Blick auf Maria Magdalena verschiedene biblische Gestalten überblendet worden waren. Maria Magdalenas kirchliche und gesellschaftliche Ächtung erinnert an das Schicksal von Lilith. Ist Maria Magdalena somit eine Nachfahrin von Lilith, wie es heute mitunter beschrieben wird?[90] Vielleicht. Jesus, der im Neuen Testament als zweiter Adam bezeichnet wird, holte die Ausgestoßene durch seine freundschaftliche Beziehung mit ihr zurück in den Raum der menschlichen Gemeinschaft. Doch ihre Heimkehr war von kurzer Dauer. Bereits kurz nach seinem Tod verliert sich Maria Magdalenas Spur und verfängt sich in Geschichten und Legenden.

---

89 Pia Gyger, *Maria – Tochter der Erde, Königin des Alls*, S. 189.
90 Joumana Haddad, *Liliths Wiederkehr*, S. 25.

Liliths Wiederkehr

In esoterischen Schriften wird Maria Magdalena als Eingeweihte und Priesterin in der Tradition des Isis-Kultes beschrieben.[91] Manche nehmen sogar an, dass Jesus mit ihr ein Kind gezeugt habe. Wie dem auch sei, fest steht, dass die erste Verkünderin der frohen Botschaft, dass Hass, Bosheit und Grausamkeit nicht das letzte Wort im Lauf der Dinge haben, in der Geschichte der Christenheit in Vergessenheit geraten ist. Wenn ich nach dem Warum frage, dann steigt die Antwort in mir hoch: Die Zeit war noch nicht reif, aber reif wozu?

Auf meinen Wegen bin ich den Spuren von Maria Magdalena gefolgt. Ich habe sie in einer Kirche in Jerusalem gefunden und in Gemälden von zwei Künstlern, von denen später die Rede sein wird. Mitten auf dem Ölberg, gleichsam über die Kirche von Gethsemane wachend, ragen die schmucken goldenen Türmchen der orthodoxen Kirche empor, die ihr, Maria Magdalena, geweiht ist. Und noch etwas ist erstaunlich. Ihre Kirche steht in einer Achse zur goldenen Kuppel des Felsendomes und zur ebenso großen, grauen Kuppel der Grabeskirche, wobei der Felsendom die Mitte bildet. Es scheint, dass in der Orthodoxie ein Wissen um diese Frau auf besondere Weise bewahrt blieb, aber nicht nur dies. Um den Felsen, auf dem der Felsendom steht, ranken sich viele Geschichten, so zum Beispiel, dass er den Mittelpunkt der Erde markiert. Im Osten, dem Reich der aufgehenden Sonne, wird eine Frau geehrt, während im Westen das wohl größte Heiligtum der Christenheit steht, der Ort des Todes und der Auferstehung Jesu.

Zehn Jahre nach dem Bau ihrer Kirche in Jerusalem tauchte 1896 das Evangelium der Maria Magdalena[92] in Kairo auf. Es wird seither in der Ägyptischen Abteilung der Staatlichen Museen in Berlin aufbewahrt. Obwohl kaum anzunehmen ist, dass sie selbst

---

91 Jean-Yves Leloup, *Evangelium der Maria Magdalena*, S. 23.
92 Ebd.

diese Schrift verfasst hat, wird davon ausgegangen, dass der Text
von Maria Magdalena inspiriert ist. Sie erscheint darin nicht als
Sünderin, sondern als Jesus nahestehende Frau und Eingeweihte,
die den Ehrentitel, den ihr Augustinus einst verlieh, „Apostelin
der Apostel", zu Recht trägt.

Maria und Josef –
Jesus und Maria Magdalena

Wir wissen weder, wie Maria und Josef ihre Partnerschaft, noch,
wie Jesus und Maria Magdalena ihre Freundschaft gelebt haben.
Wir wissen nur darum, wie ihre Beziehungen seither interpretiert wurden. Josef, der mit Maria verheiratet war, spielt für die
Christenheit eine nebensächliche Rolle, obwohl er ihr und dem
göttlichen Kind nicht nur das Leben gerettet, sondern auch die
Abstammung Jesu aus dem Stamme Davids gesichert hat. Die
Stammbäume im Matthäus- und Lukasevangelium, die für die
Heilsgeschichte von großer Bedeutung sind, benennen alle Vorfahren von Josef und nicht diejenigen von Maria.[93] Trotzdem verliert er das Vaterrecht und über die Jahrhunderte die Partnerschaft
mit Maria. Bemerkenswert ist, dass die Verwandten von Josef in
der jungen Christengemeinde in Jerusalem machtvolle Stellungen
innehatten. Sie bezogen ihre Autorität und ihren Führungsan-
spruch daraus, dass Josef der legitime Vater von Jesus war. Diese
Gruppe verlor an Macht, als sich die Position immer deutlicher
durchsetzte, dass Jesus nicht von Josef gezeugt worden war.

Als Zimmermann wird Josef zum Patron der Arbeiter. Wenn
er in Kunstwerken mit Maria abgebildet wird, erscheint er meist
als älterer, müder Mann. Wie konnte es dazu kommen, dass ein
solch mutiger Mann, der wagte, seinem Seelentraum zu folgen
und sich über gesellschaftliche Normen hinwegzusetzen, plötzlich mit einer solchen Schlagseite und irgendwie demontiert

---

93 Patrick J. Geary, *Am Anfang waren die Frauen*, S. 85 ff.

dasteht? Es scheint, als könnte neben dieser großen Mutter-Frau kein menschlicher Mann bestehen. Ihre „Männer" gehören einer anderen Dimension an. Der himmlische Vater und ihr göttlicher Sohn sind nicht von dieser Welt.

Und wer war die Vertraute von Jesus, dem zweiten Adam? Etwa Maria Magdalena, die zweite Lilith? Die These, dass Maria Magdalena vielleicht Jesu Geliebte war, darf man/frau kaum laut aussprechen, denn damit sähen viele die Göttlichkeit Jesu in Frage gestellt. Aber wäre sie dies wirklich? Geht es nicht um viel mehr, etwa auch um die Angst vor Machtverlust und einem damit einhergehenden Strukturwandel? Ängste, die sich wie Mauern auftürmen und uns nicht erlauben, Unmögliches zu denken. Und würde Jesus, die einzigartige Manifestation der allumfassenden göttlichen Liebe, tatsächlich an Größe verlieren, hätte er eine Frau geliebt?

Bemerkenswerte Impulse zur neuen Sicht auf Maria Magdalena erhielt ich aus der Kunst, und zwar von Malern aus dem 20. Jahrhundert. Für mich ist es ein besonderes Geschenk, dass diese Kunstwerke von Männern stammen. Im schöpferischen Raum der Inspiration haben sie erfasst, dass diese Frau in den letzten Jahrhunderten in ihrem Wesen nicht richtig erkannt wurde – nicht erkannt werden konnte.

„Le Christ au Ciel bleu"

Den ersten Hinweis auf eines der Bilder erhielt ich von einer evangelischen Seelsorgerin, die eine Masterarbeit zum Thema Seelsorge und Erotik mit dem Titel „Wenn du mich anblickst, werde ich schön …" geschrieben hatte. Darin nimmt sie wohlweislich kommentarlos das Bild „Nuptials of God"[94] des englischen Künstlers Eric Gill aus dem Jahr 1922 auf. Diese „Hochzeit Gottes" zeigt den Gekreuzigten, der nicht allein am Kreuz hängt, sondern von

---

94 „Nuptials of God" befindet sich im Victoria and Albert Museum in London.

Maria Magdalena mit ihren wallenden, bis zu den Füßen reichenden Haaren bedeckt wird. Ihre durchbohrten Hände liegen aufeinander. Beide sind mit einem Heiligenschein gekränzt.

Meine erste Reaktion auf dieses Bild war eine emotional heftige Bewertung und eine Stimme, die sprach: „Welcher Unsinn und welche Frechheit! Das kann nicht sein!" In meiner spirituellen Praxis habe ich geübt, heftigen Reaktionen nicht auszuweichen, sie auch nicht zu rationalisieren, sondern achtsam in der Wahrnehmung zu bleiben, um sozusagen hindurchzusehen und auf die tieferen Schichten zu hören. Als meine innere Aufwallung endlich zur Ruhe kam, tauchten zum ersten Mal die Fragen auf: Könnte es sein, dass Jesus nicht nur aus der besonderen Verbindung zum Urgrund allen Lebens, den er liebevoll „Vater" nannte, fähig wurde, die alles erlösenden Worte am Kreuz auszusprechen: „Vater vergib ihnen, denn sie wissen nicht, was sie tun"? Und was wäre, wenn er dazu in gleicher Weise auf die zärtliche, sinnliche Liebe einer Frau angewiesen gewesen wäre?

Eine mögliche Antwort auf diese Frage gibt Marc Chagall, der zauberhaft malende jüdische Künstler aus Russland, im Bild „Le Christ au Ciel bleu" („Christus im blauen Himmel"; siehe Abb. 8 im Bildteil). Obwohl in Privatbesitz, ist dieses Kunstwerk immer wieder in Chagall gewidmeten Ausstellungen zu sehen. Maria Magdalenas weiblich schöner Körper ist darauf eingehüllt in einen durchsichtigen Tallit, einen jüdischen Gebetsmantel, den Männer zum Morgengebet tragen und in dem gläubige Juden begraben werden. Maria Magdalena deckt mit ihrem Körper den gemarterten Körper von Jesus zu. Beide bilden zusammen die Längsachse des Kreuzes. Sie stehen nicht auf der Erde. Sie schweben gemeinsam über dem im Nachtblau versunkenen Dorf, gleichsam mit ihren Körpern Erde und Himmel verbindend, zu ihren Füßen ein Hahn, der im Judentum ein Symbol dafür ist, in der Zukunft zu leben, denn noch in der Dunkelheit der Nacht kann er das Licht des nahenden Morgens sehen.[95] Chagall

---

95 Thomas D. Zweifel und Aaron L. Raskin, *Der Rabbi und der CEO*, S. 95.

scheint Freude daran gehabt zu haben, Magdalenas Sinnlichkeit mit den jugendlich prallen Brüsten zu zeigen, als wollten sie zum Himmel streben. Den sichtbaren Arm hält sie ausgestreckt seinem Kopf entgegen, der im Gegensatz zu ihrem Kopf mit einem Nimbus gekrönt ist. Die Arme und den Oberkörper von Jesus malte Chagall im für ihn typischen leuchtenden Grün. Beide Gesichter sind in einer liebenden, hingebungsvollen Haltung einander zugewandt.

Auf der Suche nach einer vertiefteren Deutung des Bildes machte ich eine unerwartete Entdeckung. Wie in vielen Bildern von Chagall finden sich auch in diesem einige Tiere. Der Ziegenbock und ein Hahn. Den Bock hat Chagall in leuchtendem Rot gehalten, der Farbe des am Horizont untergehenden Mondes oder der aufgehenden Sonne. Die Augen des Tieres sind geöffnet und schauen direkt auf die nur spärlich verhüllten Pobacken der Frau. Vor vielen Jahren hatte ich schon einmal die Chagall-Fenster in der Mainzer Stephanskirche besichtigt. Da ich zufällig wieder einmal in der Stadt weilte, nutzte ich die Gelegenheit, diese Kirche erneut zu besuchen. Als ich sie betrat, platzte ich mitten in den meditativen Vortrag eines Kenners und Autors einiger Bücher über die prachtvollen Glasfenster. Als ich die ersten Sätze bewusst aufnahm, glaubte ich nicht recht zu hören. Sie schienen direkt an mich gerichtet zu sein: „Der Geist Gottes weht, wo er will. Chagall ist ein Bild-Prophet für die heutige Zeit. Es gehört zum Wesen dieser begabten Menschen, dass sie der Zeit voraus sind und meist nicht verstanden werden." Nach dem Vortrag suchte ich das Gespräch mit dem Chagall-Experten. Er schien das Bild „Le Christ au Ciel bleu" nicht zu kennen, deutete es jedoch spontan als Jesus am Kreuz. Für ihn war der Ziegenkopf ein Ochsenkopf, der den Künstler selbst darstelle. Er machte mich zudem darauf aufmerksam, dass im Rot ein goldener Farbton enthalten sei, Rot stehe für das Blut und die Liebe, während Gold-Gelb eine göttliche Farbe sei. Auf die Frage nach dem Namen der Frau im Bild wusste er auch sofort Bescheid. Sie sei irgendeine Frau, die namenlos für alle Frauen stehe, die sich in ihrer Sündhaftigkeit Jesus dem Heiland und Erlöser an den Hals geworfen hätten. Nach dieser Interpretation beendete ich das Gespräch. Mir gefällt die Sichtweise Chagalls besser, der durch die Augen des rot-goldenen Ziegbocks ganz natürlich und ungehemmt auf den sinnlichen Po von Maria Magdalena schaut.

Als ich am Abend im Kreis von Frauen von dieser Begegnung erzählte, lachten wir zuerst. Doch dann wurden wir plötzlich still und nachdenklich. Nach Worten ringend gestanden wir uns ein, froh zu sein, nicht ein paar Jahrhunderte früher geboren worden zu sein. Wie anders hätte die Begegnung mit dem Kirchenmann enden können. So nah waren wir den kollektiven, unerlösten Erinnerungen ...

Später bekam ich von dem Autor Thomas Zweifel eine weitere Interpretation zum roten Ziegenbock: Er tritt in der Thora unmittelbar vor dem Tod von Miriam und Aron, den Geschwistern Moses, auf. Seine symbolische Bedeutung ist die des Protestes gegen die Religionen der Alten Welt, in der, wie beispielsweise in der Hochkultur Ägyptens, der Tod glorifiziert wurde. Die Ziege erinnert an die Heiligkeit des Lebens. Die rote Farbe stehe für das Blut, Symbol des Lebens. Selbst wenn die Ziege verbrannt und zu Asche wird, soll ihre Asche rituell dem Wasser des Lebens übergeben werden. Chagall malte christliche Inhalte, verband sie mit der jüdischen Tradition und öffnete damit ganz neue Perspektiven auf Jesus und Maria Magdalena.

Auch wenn der Chagall-Experte in alten Interpretationen dieses Bildes verhaftet blieb, hat er mir doch auch ein Geschenk gemacht. Für ihn ist Chagall ein Bild-Prophet, der seiner Zeit voraus war. Darüber wollte ich meditieren und nachdenken. Dabei erinnerte ich mich an eine These von Thich Nhat Hanh, die er in einem seiner Bücher festhält[96], nämlich dass der Buddha der Zukunft und der wiederkehrende Christus sich wohl nicht mehr in einer männlichen Gestalt zu erkennen geben werden.

---

96 Thich Nhat Hanh, *Jesus und Buddha – Ein Dialog der Liebe*, S. 63.

Sie werden sich vielmehr in einer Gruppe offenbaren. Wie erleichtert war ich, als ich seine prophetische Sicht las. Denn meine eigenen Gedanken trugen mich schon länger in eine ähnliche Richtung. Seit mehr als zwei Jahrzehnten forsche ich mit Gruppen nach den Bedingungen für das gemeinsame Erwachen in den raumlosen Raum der Unendlichkeit und Leere.

Kann es sein, dass Chagall und Gill nicht eine neue Deutung der Beziehung zwischen Jesus und Maria Magdalena malten, sondern die verheißene Zukunft in der Gegenwart abbildeten? In der Genesis heißt es, dass Mann und Frau Gottes Abbild sind. Allerdings fehlt dort ein entscheidendes Wort: Liebe! Die Liebe zwischen Mann und Frau ist Ebenbild des unsichtbaren Gottes. Nicht der Mann allein, nicht die Frau allein, sondern im „Dazwischen" des Paares – und damit sind auch gleichgeschlechtliche Paare eingeschlossen –, in diesem raumlosen Raum kann das All-Seiende erfahren werden. In ihm wohnt, webt und wirkt das Geheimnis des Lebens. Es wird Zeit, dass wir dieses schlummernde Potenzial endlich befreien. Dazu ist es notwendig, dass die alten Wunden aus Geschlechterkampf und Zickenkrieg heilen dürfen und die Unterdrückung der Weiblichkeit ein Ende hat.

Die Zeit ist reif …

Wir befinden uns zeitgeschichtlich in einem großen Übergang, manchmal wird auch davon gesprochen, dass wir in einer neuen Achsenzeit leben, in der sich das Bewusstsein des Menschen noch einmal radikal ändern werde. Jedenfalls scheint die Zeit reif zu sein für Transformationsprozesse, die nicht nur unsere äußere Welt dramatisch umgestalten und unseren Alltag radikal verändern, sondern auch Umwälzungen im Selbstverständnis von Frau und Mann mit sich bringen. Die Zeit scheint reif zu sein:

- dass Lilith aus der Verbannung zurückkehren darf und Frauen und Männer mit ihrer Leidenschaft und Sinnlichkeit beschenkt und inspiriert.

- dass Lilith und Eva, die in jeder Frau als Archetypen gegenwärtig sind, zueinanderfinden und sich gegenseitig Anerkennung und Wertschätzung schenken.

- dass wir uns in Furchtlosigkeit menschlichen Schattenaspekten zuwenden und stellen, im Wissen darum, dass darin ein kostbarer Schatz verborgen ist.

- dass wir auf die heilende Kraft der wilden Frau vertrauen, ihren Leben spendenden Gesang anzustimmen wagen und Verrücktheit zulassen, wann immer Erstarrung und hartes Durchgreifen droht.

- dass wir die weibliche Sexualität in Fülle leben und die befreite Sinnlichkeit feiern, sodass uns Flügel wachsen.

- dass wir ganz selbstverständlich die Kraft des Wiederaufbaus neben der Kraft der Zerstörung denken und entsprechend handeln.

- dass wir auf die Quelle des Mitgefühls in uns vertrauen und diese freilegen und kultivieren, damit jeder Ärger, Zorn und Hass gewandelt werden kann in Vertrauen, Entschlossenheit und Zuversicht.

- dass wir Maria und Maria Magdalena in ihrer einzigartigen Schönheit und Weisheit erkennen, wir sie klar voneinander unterschieden und doch tief miteinander verbunden wissen.

- dass wir die Göttlichkeit in Mutter und Partnerin gleichermaßen erkennen und würdigen.

- dass Frauen die innere Größe zulassen, Partnerin des Schöpfungs- und Werdeprozesses im großen und kleinen Alltag zu sein.

- dass Frauen Männer dazu verlocken, neue Wege der Partnerschaft zu finden.

- dass Frau und Mann ihre Berufung leben, sich gegenseitig heilen, inspirieren und sich an- und miteinander freuen.

- dass Mann und Frau in Religion, Wissenschaft, Politik und Wirtschaft neue, dem Leben dienende Strukturen entwickeln, in denen Mann und Frau gleichberechtigt führen und leiten.

Wir dürfen mit der Unterstützung der ungleichen Schwestern – Lilith und Eva – rechnen. Sie werden uns immer wieder inspirieren, ermahnen und ermutigen, den Garten Eden – die Erde – auch für die kommenden Generationen zu bestellen, zu hüten und zu bewahren.

Übungen

Begegnung zwischen Lilith und Eva – zwischen Maria und Maria Magdalena

Tritt ein in einen inneren Dialog mit Lilith und Eva. Nimm Verbindung mit ihnen auf. Lass dir dazu ausreichend Zeit, bis du ihre Gegenwart spüren kannst.
Frag dann beide, was sie jetzt wollen, was sie brauchen und was ihre Gabe ist. Lass die Frauen in dir wie in einem Rollenspiel zueinander sprechen. Dazu kannst du die beiden auch auf leere Stühle setzen. Du kannst auch stellvertretend für sie sprechen.
Schreib auf, was beide Frauen heute zu sagen haben.

Lade anschließend Maria und Maria Magdalena ein, und tritt auch mit diesen beiden Frauen in einen Dialog ein.

Inspiration in der Begegnung mit Maria, der Mutter Jesu

Maria lädt uns ein, es ihr gleichzutun und folgende Haltungen einzuüben:

- Ja sagen lernen zu dem in uns angelegten Lebensentwurf.

- Auf die innere Stimme hören, die uns manchmal auch Wege gehen heißt, die unerhört und unvereinbar mit der gesellschaftlichen Norm sind.

- Ja sagen zur inneren Größe, die jenseits von öffentlicher Anerkennung, Status, Funktion und Rolle ist, die vielmehr von einer zärtlichen Verbundenheit zum eigenen Wesenskern lebt.

- Im Gegenüber das tief liegende Potenzial erkennen und ansprechen; eine Fähigkeit, die von der Offenheit zum eigenen Lebensentwurf lebt.

- Im Alltag die Gewissheit verkörpern, dass das Leben sich durch unser einmaliges Sein zum Ausdruck bringen will. Diese Haltung lässt keinen Raum für Kleinmacherei und falsche Bescheidenheit.

- Bewusstsein entwickeln, dass wir in unserer individuellen Entwicklung teilhaben am evolutiven, schöpferischen Prozess der Weiterentwicklung von Menschheit, Erde und Universum.

Denke darüber nach und nimm dir in der Stille Zeit dazu, was es für dich bedeuten kann, diese Haltungen in dein Leben einzuladen und sichtbarer werden zu lassen.

Die Auflösung des Rätsels – schön, wild und weise

Wer ist schön? – Selbstverständlich: Eva.
Wer ist wild? – Ganz einfach: Lilith.
Wer ist weise? Es sind jene Frauen,

- die ab und zu in die Schuhe der Wolfsfrau schlüpfen und die toten Knochen in ihrem Leben und ihren Beziehungen – insbesondere in der Liebesbeziehung – einzusammeln wissen und die innere Kraft besitzen, auf das Anstimmen eines Klageliedes zu verzichten; im Gegenteil, sie finden Wege, die in die Freiheit und Lebendigkeit führen.

- die den nachtblauen, mit Sternen übersäten Mantel der Himmelskönigin Nut zu tragen wagen und in sich die spirituelle Dimension der Sexualität erfahren und kultivieren.

- die den Weg der inneren Heldin mutig gehen und nicht aufhören, ihre Einzigartigkeit zu entfalten, und mit den dabei gewonnenen Fähigkeiten für ein gerechteres und glücklicheres Leben für alle Menschen einstehen.

- denen die wilde Leidenschaft von Pele - ihre Eifersucht und Wut, ihr Neid und ihre Einsamkeit - nicht fremd ist, und die um die zerstörerische weibliche Kraft wissen, aber auch um die in aller Zerstörung geheimnisvoll anwesende, nährende und aufbauende Lebensenergie.

- die in der Berührung mit Schmerzen und Leiden die Fähigkeit und Bereitschaft zum großen Mitgefühl für alle leidenden Wesen entfalten, entwickeln und selbstverständlich leben.

- die ihr inneres, im Brechen zur Ganzheit gewordenes Gefäß
  so bereiten, dass sie offen sein können für die immerwährende Gottesgeburt in sich selbst und hineinwachsen in ein
  demütiges Selbstbewusstsein, Mitschöpferin und Partnerin
  im evolutiven Prozess von Menschheit, Erde und Kosmos zu
  sein.

Jene Frau wird schön, wild und weise, die bereit ist, den inneren
Reichtum, den sie auf der langen Reise ihrer Persönlichkeitsentwicklung gewonnen hat und weiterhin gewinnt, großzügig mit
anderen zu teilen und nicht aufhört, ihr Herz und ihren Geist
ausweiten zu lassen, um mit ihrem ganzen Wesen dem Leben zu
dienen.

Zu guter Letzt –
ein paar Worte an männliche Leser

Beim Lesen des Manuskripts im Laufe meines Schreibprozesses haben Männer, aber auch Frauen die Frage gestellt: Und wo bleiben die Männer? Worin liegt ihr Gewinn, wenn sie dieses Buch lesen? Andere haben mich ganz einfach gebeten, den Männern ein paar Impulse mit auf den Weg zu geben.

Natürlich freut es mich, wenn die Lektüre des Buches anregt, nach den notwendigen Schritten im Individuationsprozess des Mannes zu fragen, da immer mehr Frauen Lilith aus ihrem Schattendasein befreien und ihr sowohl in ihrer Lebensplanung als auch im ganz persönlichen Alltag mehr und mehr Platz einräumen. Der Entwurf der inneren „Landkarte" für die Persönlichkeitsentwicklung des Mannes, der sich von der Transformation der Frau berühren lässt, kann und soll nicht von einer Frau skizziert werden. Es ist an den Männern, dieses Buch zu schreiben. Ich erlaube mir jedoch ein paar Leitfragen zu stellen:

1. Welchen Adam kennen Sie am besten bzw. verkörpern Sie?

 – Adam, der eine Rippe verloren hat und deshalb nicht leben kann ohne eine Eva an seiner Seite? Eine Eva, die ihm zu Hause den Rücken freihält, die Kinder versorgt, sich um den Haushalt liebevoll kümmert? Eine Eva, die für ihn und seine sexuellen Bedürfnisse ohne Weiteres zur Verfügung steht? Eine Eva, die ihm in seinem Berufsalltag dienend den Kleinkram abnimmt und bereitwillig für ihn da ist, wenn „Not an der Frau ist"?

 – Oder den Adam, der gut alleine stehen kann und sich an der starken, eigenständigen Frau an seiner Seite freut?

Adam, der angstfrei seiner Geliebten Freiheit einräumt und darauf vertraut, dass sie in noch größerer Liebe zu ihm zurückkehrt?

2. Mit welchen Frauentypen arbeiten Sie am besten bzw. einfachsten zusammen? Mit der dienenden Eva oder der herausfordernden, ebenbürtigen Lilith?

3. Welche Frau erwartet Sie abends zu Hause? Eva? Lilith? Oder bereits eine schöne, wilde und weise Frau?

Und Achtung: Sollten Sie eine Eva-Frau geheiratet haben, müssen Sie damit rechnen, dass Lilith auf einmal in ihr erwacht. Dann beginnt das wirklich große Liebes- und Beziehungsabenteuer. Keine Sorge! Wer Lilith zu ehren weiß, erlebt keine zänkische, sexbesessene und egoistische Frau. Ihre Partnerin ist eher dabei, eine von innen schöne, dem Abenteuer des Lebens offen stehende und mit dem Annehmen von Erfahrungen, insbesondere schmerzlichen Erfahrungen, weise gewordene Frau zu werden. Wenn Sie bereit sind, die Herausforderungen der Transformationsprozesse und die damit einhergehenden Veränderungen in Ihrer Beziehung anzunehmen, werden Sie reichlich beschenkt, denn Sie sind selbst dabei, sich zu einem schönen, wilden und weisen Mann zu entwickeln. Und welcher Mann kann bei einer solchen Verheißung abseits stehen wollen?

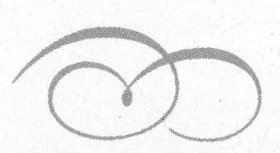

Danksagung

Auf der Reise von den jüdisch-christlichen Ahnfrauen Lilith und Eva bis zu Maria, der Mutter Jesu, und zu Maria Magdalena, seiner auserwählten Gefährtin, bin ich von einem intuitiven Wissen geführt worden. Zu Beginn des Schreibprozesses war mir diese Vorgehensweise selbst etwas ungeheuerlich. Ich hatte massive Widerstände zu überwinden, und vielleicht hätte ich die ersten Hürden nicht bewältigt, wären da nicht einige Frauen gewesen, die mich ermutigt haben, mich sozusagen im Schreiben führen zu lassen. Auch der Verlagsleiter Joachim Kamphausen bestärkte mich, indem er das Exposé zum Buch mit großer Wertschätzung aufgenommen hat.

Franziska Bolt, eine seelenverwandte Schwester und wunderbare Kollegin, gab mir folgenden, zusprechenden Ratschlag: „Schreib das Buch für alle, die es nicht schreiben konnten. Leih den Frauen deine Stimme." Ihren Rat nahm ich mir zu Herzen. So habe ich mir vorgenommen, einigen Frauen das Manuskript zum Lesen zu geben und ihre Hinweise, Anregungen, Korrekturen und Inspirationen zu integrieren. Aus dem „Ich" ist in diesem Buch ein „Ich-Wir" geworden. Zum „Wir" gehören neben Franziska Bolt auch meine leiblichen Schwestern, allen voran Christina und Paula, dann aber auch Monika Maria Trost, Helen Jäggi Kosic, Beate Junginger, Debora Angehrn und Monika Schwertner. Ohne die Ermutigung meiner Kollegin, Freundin und spirituellen Schwester Barbara von Meibom hätte ich überhaupt nicht mit dem Schreiben begonnen. Mit einem wachsamen, liebevollen Auge überwachte sie den Entstehungsprozess. Sie gab mir sozusagen den letzten Stoß, um über die Klippen zu springen und darauf zu vertrauen, dass mich Frauenflügel tragen. Die tägliche Ermutigung während den Phasen des Schreibens schenkte mir Maria-Christina Eggers. Mit ihr verbindet mich eine lange Geschichte. Wir sind beide Mitglieder des Katharina-Werks, haben zusammen in Ibayo, einem Slum am Stadtrand von Manila, viele Wochen zusammen gelebt und gearbeitet, mehrere internationale Peace Camps in der Schweiz und im Ausland geleitet. Heute leben und arbeiten wir zusammen im Zen-Zentrum Offener Kreis in Luzern. Mit wertvollen Ergänzungen und differenzierten Korrekturen haben Helen Lehmann, Petra Steinmair-Pösel, Frizzi Kaufmann-Rose, Esther Girsberger und Michaela Breit am Manuskript mitgeschliffen. Ihnen und Susanne Klein, der Lektorin des Theseus Verlags, die das Manuskript sorgfältig und liebevoll lektoriert hat, gehört ein besonderer Dank.

Auch Männer haben bei der Entstehung dieses Buches von Frauen über Frauen mitgewirkt. In den Geburtswehen, die dem Schreiben der einzelnen Kapitel vorangingen, stand mir Gerhard Hüppi, mein Partner und Freund, liebevoll und klar zur Seite. Seine Nähe schenkt Geborgenheit und damit auch Vertrauen zu mir selbst. Er half mir oft, mich noch tiefer auf den Werde-Prozess einzulassen. Und er hörte mir aufmerksam zu, wenn ich stammelnd versuchte, in Worte zu fassen, was sich in mir manchmal mit großer Vehemenz in Körper und Seele abspielte. Er war auch der Erste, der das Manuskript zu lesen bekam und dessen Anmerkungen ich in die vorliegende Fassung integrierte.

Die kollegialen, freundschaftlichen Gespräche mit Dieter Wartenweiler sind mir ebenfalls wichtig. Er fordert mich immer wieder heraus und fördert mich dabei insgeheim, den Frauen-Weg zu gehen und die weibliche Sicht der Dinge mutig zu formulieren. Er machte mir klar, dass diese Sicht auch deshalb notwendig ist, weil sie für den Selbstwerdungsprozess des Mannes unabdingbar ist. Männer brauchen Partnerinnen auf Augenhöhe, und nicht eine ausschließlich angepasste, fürsorgende Eva-Frau oder eine auf Selbstbestimmung pochende, wilde Lilith-Verkörperung, um ganz Mann werden zu können.

So ist dieses Buch vielleicht nicht nur für Frauen lesenswert, sondern auch für Männer, die am Selbstfindungsprozess von Frauen interessiert sind. Das Buch richtet sich jedoch insbesondere an Frauen, die in Zeiten des Aufbruchs und Umbruchs auf der Suche nach weiblicher Identität und Gestaltungskraft sind. Es richtet sich ebenso an Frauen und Männer, die nach neuen Formen der Partnerschaft suchen und die in der Liebe zum Leben bereit sind, patriarchale Formen der Machtgestaltung zu transformieren.

Möge dieses Buch Frauen ermutigen, in der Verbundenheit mit den Ahnfrauen ihren ganz persönlichen Weg zu gehen und kraftvoll und mutig ihren Beitrag in Familie, Partnerschaft und Gesellschaft einzubringen. Sie bereiten damit den Weg für die nachkommenden Töchter und Schwestern.

Literatur

Angelus Silesius: *Der Himmel ist in dir – Von der Seelenlust mystischer Frömmigkeit.* Benziger Verlag, Zürich Einsiedeln Köln 1982

Assmann, Jan: *Ma'at.* C. H. Beck Verlag, München 2006

Benz, Arnold: *Die Zukunft des Universums.* Patmos Verlag, Düsseldorf 1998

Die Bibel, Einheitsübersetzung, Herder Verlag, Freiburg, Basel, Wien 1980

Bibel in gerechter Sprache, Gütersloher Verlagshaus, München 2006

Bresch, Carsten: *Zwischenstufe Leben – Evolution ohne Ziel.* Piper Verlag, München 1977

Brinton Perera, Sylvia: *Der Weg zur Göttin der Tiefe - Die Erlösung der dunklen Schwester: eine Initiation für Frauen.* Ansata Verlag, Interlaken 1988

Decker, Robert und Barbara: *Volcano Watching.* Natural History Association, Honolulu (Hawaii) 2010

Dogen Zenji's Shobogenzo. Theseus Verlag, Zürich 1977

Gamma, Anna: *Lichtheilung als Weg zum Frieden – Meditationen, Übungen und Rituale.* Kösel Verlag, München 2005

Gamma, Anna/Gyger, Pia/Kaiser, Annette/Lichtenfels, Sabine: *Aufbruch - Frauen machen sich stark für eine Kultur des Friedens.* Theseus Verlag, Bielefeld 2014

Geary, Patrick J.: *Am Anfang waren die Frauen – Ursprungsmythen von den Amazonen bis zur Jungfrau Maria.* C. H. Beck Verlag, München 2006

Gebrüder Grimm: *Die Märchen der Brüder Grimm – Vollständige Ausgabe.* Goldmann Verlag, München 1957

Gimbutas, Marija: *Die Zivilisation der Göttin.* Zweitausendeins Verlag, Frankfurt am Main 1998

Glassman, Bernard: *Zeugnis ablegen – Buddhismus als engagiertes Leben.* Theseus Verlag, Berlin 1998

Grapow, Hermann: *Die Himmelsgöttin Nut als Mutterschwein.* In: Zeitschrift für Ägyptische Sprache und Altertumskunde, 71. Band, Osnabrück 1967

Gyger, Pia: *Hört die Stimme des Herzens – Werdet Priesterinnen und Priester der kosmischen Wandlung.* Kösel Verlag, München 2006

Gyger, Pia: *Maria – Tochter der Erde, Königin des Alls.* Kösel Verlag, München 2005

Gyger, Pia: *Mensch verbinde Erde und Himmel – Christliche Elemente einer kosmischen Spiritualität.* Rex Verlag, Luzern 2014

Haas, Adolf: *Teilhard de Chardin Lexikon.* Herder Verlag, Freiburg 1971

Haddad, Joumana: *Liliths Wiederkehr.* Verlag Hans Schiller, Berlin 2008

Hawaii. Lonely Planet Publications, Melbourne 2012

Hurwitz, Siegmund: *Lilith – Die erste Eva.* Daimon Verlag, Einsiedeln 2011

Janascheck, Ulla/Skadé, Cambra Maria: *Göttinnenzyklus.* Arun Verlag, Uhlstädt-Kirchhasel 2010

Jaspers, Karl: *Vom Ursprung und Ziel der Geschichte.* Artemis Verlag, Zürich 1949

Jung, Carl Gustav: *Grundwerk.* Band 2. Walter Verlag, Olten, Freiburg i. B. 1984

Kane, Herb Kawainui: *Pele – Godess of Hawaii's Volcanos.* The Kawainui Press, Honolulu 2013

Kannon. Katalog Museum Rietberg, Zürich 2007

Keel, Othmar: *Gott weiblich – Eine verborgene Seite des biblischen Gottes.* Gütersloher Verlagshaus, Gütersloh 2010

Krishna, Gopi: *Kundalini – Erweckung der geistigen Kraft im Menschen.* O. W. Barth Verlag, München 2010

Küng, Hans/Kuschel, Karl-Josef (Hrsg.): *Erklärung zum Weltethos.* Piper Verlag, München 1993

Langsdorf, Antonia: *Lilith – Die Weisheit der ungezähmten Frau.* Trinity Verlag, München 2013

Lawson, David: *Das Ägyptische Orakel.* Weltbild Verlag, Augsburg 1999

Leloup, Jean-Yves: *Evangelium der Maria Magdalena – Die spirituellen Geheimnisse der Gefährtin Jesu,* Ansata Verlag, München 2008

Lexikon der östlichen Weisheitslehren. Scherz Verlag, Bern, München, Wien 2001

Lietaer, Bernard A.: *Mysterium Geld – Emotionale Bedeutung und Wirkungsweise eines Tabus.* Riemann Verlag, München 2000

Lurker, Manfred: *Lexikon der Götter und Symbole der alten Ägypter.* O. W. Barth Verlag, München 2011

Taizen Maezumi: *Das Herz des Zen.* Verlag Ganzheitlich Leben, Ahrensburg 2010

Moor, Paul: *Heilpädagogik.* Verlag Hans Huber, Bern Stuttgart Wien 1974

Mumonkan – Die Torlose Schranke, kommentiert von Yamada Kôun Roshi. Kösel Verlag, München 1989

Northrup, Christiane: *Frauenkörper – Frauenweisheit: Wie Frauen ihre ursprüngliche Fähigkeit zur Selbstheilung wiederentdecken können.* Goldman Verlag, München 2010

Pearce, Joseph Chilton: *Biologie der Transzendenz.* Arbor Verlag, Freiamt im Schwarzwald 2004

Pearsall, Paul: *Heilung aus dem Herzen.* Goldman Verlag, München 1999

Pinkola Estés, Clarissa: *Die Wolfsfrau – Die Kraft der weiblichen Urinstinkte.* Heyne Verlag, München 1993

Piontek, Maitreyi D.: *Die Wunder der weiblichen Sexualität – Ganzheitliches Praxisbuch.* Heyne Verlag, München 2012

Prinz, Alois: *Hannah Arendt oder Die Liebe zur Welt.* Insel Verlag, Berlin 2012

Reis-Habito, Maria Dorothea: *Die Dharani des Großen Erbarmens des Bodhisattva Avalokitesvara mit tausend Händen und Augen.* Steyler Verlag, Nettetal 1993

Rosenberg, Alfons: *Engel und Dämonen – Gestaltwandel eines Urbilds*. Kösel Verlag, München 1992

Rummel, Rudolph Joseph: *Death by Government*. Transaction Publishers, New Brunswick, London 1994

Sagan, Carl: *Unser Kosmos – Eine Reise durch das Weltall.*, Buchclub ExLibris, Zürich 1983

Sölle, Dorothee: *Mystik und Widerstand: Du stilles Geschrei.* Hoffmann und Campe Verlag, Hamburg 1997

Stephan, Inge: *Das Schicksal der begabten Frau – im Schatten berühmter Männer.* Kreuz Verlag, Stuttgart 1990

Teilhard de Chardin, Pierre: *Die menschliche Energie.* Walter Verlag, Freiburg und Olten 1966

Teilhard de Chardin, Pierre: *Das Tor in die Zukunft – Ausgewählte Texte zur Fragen der Zeit.* Kösel Verlag, München 1984

Tenzin Wangyal Rinpoche: *Die heilende Kraft des Buddhismus – Leben im Einklang mit den fünf Elementen.* Heinrich Hugendubel Verlag, München 2004

Thich Nhat Hanh: *Jesus und Buddha – Ein Dialog der Liebe.* Herder Verlag, Freiburg 2010

Thompson, Vivian L.: *Hawaiian Myths of Earth, Sea and Sky.* University of Hawaii Press, Honolulu 1988

Von Rohr, Wulfing: *Kuan Yin – Die weibliche Fürsprecherin im Buddhismus.* Schirner Verlag, Darmstadt 2007

Von Weltzien, Diane: *Das große Praxisbuch der Aura- und Chakra-Arbeit.* Goldmann Verlag, München 1993

Voss, Jutta: *Das Schwarzmond-Tabu – Die kulturelle Bedeutung des weiblichen Zyklus.* Kreuz Verlag, Stuttgart 2006

Williamson, Marianne: *Rückkehr zur Liebe – Harmonie, Lebenssinn und Glück durch „Ein Kurs in Wundern".* Goldmann Verlag, München 1993

Zweifel, Thomas D./Raskin, Aaron L.: *Der Rabbi und der CEO – Was Führungskräfte von den Zehn Geboten lernen können.* Linde Verlag, Wien 2012

Quellennachweis

Texte:

S. 25 und S. 88 aus: Jutta Voss, *Das Schwarzmond-Tabu*
© Kreuz Verlag, Stuttgart 2006, S. 24.

S. 26 und S. 56f. aus: Clarissa Pinkola Estés, *Die Wolfsfrau*,
Heyne Verlag, München 1993, S. 29f. / S. 17f.

S. 39 aus Siegmund Hurwitz, *Lilith - die erste Frau*,
Daimon Verlag, Einsiedeln 2011, S. 103.

S. 50 aus Antonia Langsdorf, *Lilith - Die Weisheit der
ungezähmten Frau*, © Trinity Verlag in der Scorpio Verlag
GmbH & Co. KG, München, S. 37.

Abbildungen im Bildteil:

Abb. 1: Lilith © Wikipedia/Babelstone
(Lilith: Queen of the Night; British Museum)

Abb. 2: Lilith © Wikipedia/Magnus Manske
(Michelangelo: Sündenfall und Vertreibung aus dem Paradies;
in der Sixtinischen Kapelle)

Abb. 3: Alte Weise © Wikipedia/Tomas Castelazo
(Old Zacatecas Lady)

Abb. 4: Göttin Nut © Wikipedia/Magnus Manske
(Goddess Nut)

Abb. 5: Göttin Pele © Wikipedia/Shannon Prickett (Pele)

Abb. 6: Kanzeon © Foto von Monika Schwertner

Abb. 7: Maria © Joachim Schäfer - Ökumenisches
Heiligenlexikon (Joseph von Nazareth)

Abb. 8: Maria Magdalena © Privatbesitz von Dr. Albert Gnägi
(„Le Christ au Ciel bleu" von Marc Chagall)

Über die Autorin

Anna Gamma, Dr. phil., ist Psychologin, autorisierte Zen-Meisterin, Mitglied des Katharina-Werks und Leiterin des Zen Zentrums Offener Kreis in Luzern, wo sie auch lebt. Aus dem Geist des Zen entwickelte sie Lehrgänge für Führungskräfte zur Förderung des ganzheitlichen Bewusstseins. Sie ist Autorin mehrerer Bücher, Dozentin und Referentin. Zur Thematik dieses Buches „schön, wild und weise" führt sie Kurse durch:

- für Frauen auf der Suche nach sich selbst im Seminarhaus Fernblick in Teufen, Schweiz. (www.fernblick.ch)

- für Frauen in Führungspositionen in ihrem Institut in Luzern, Schweiz. (www.annagamma.ch)

Visionen einer neuen Spiritualität

In diesem Buch zeigt die bekannte Sufi-Lehrerin Annette Kaiser, dass wir nur jenseits der traditionellen Wege zu einer wirklich neuen Spiritualität finden können. Einer Spiritualität, die sowohl mit den Erkenntnissen moderner Naturwissenschaften als auch den großen spirituellen und mystischen Traditionen in Einklang steht.

Im Mittelpunkt steht die Entwicklung eines ganzheitlichen Menschseins, gegründet in einem universellen Bewusstsein. Dieses umfasst auch eine tiefe Wertschätzung des Weiblichen.

Annette Kaiser
Jenseits aller Pfade
Visionen einer neuen Spiritualität
178 Seiten, Hardcover
ISBN 978-3-89901-527-0

 THESEUS
theseus-verlag.de

Über den Verlag

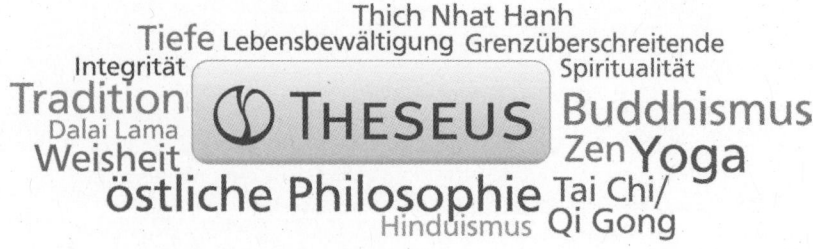

Tiefe Lebensbewältigung Grenzüberschreitende
Integrität Spiritualität
Tradition Buddhismus
Dalai Lama Zen Yoga
Weisheit
östliche Philosophie Tai Chi/
Hinduismus Qi Gong

Mit Liebe fürs Detail und für die Umwelt

Bei der Auswahl der Inhalte, die wir präsentieren, achten
wir auf Originalität, Kompetenz, Praxisrelevanz und Qualität.
So können wir mit Herz und Seele hinter unseren Büchern,
Hörbüchern, Filmen und den anderen Produkten stehen,
die wir mit viel Liebe und Aufmerksamkeit bis ins letzte
Detail fertigen.

Wir leisten einen aktiven Beitrag zum Umweltschutz
und verbrauchen nur wirklich notwendige Ressourcen —
so sparsam wie möglich. Wir drucken überwiegend auf 100%
Recyclingpapier oder produzieren unsere Titel klimaneutral.
99% unserer Fertigung findet in Deutschland statt, so haben
wir kurze Transportwege und unterstützen die lokale
Wirtschaft.

Inspirationen, interessante und wertvolle Neuigkeiten,
Wahres, Schönes & Gutes sowie wichtige Termine
können Sie regelmäßig in unserem Newsletter erfahren
oder hier: **www.facebook.com/weltinnenraum**

weltinnenraum.de
J.Kamphausen | Mediengruppe